ALEGRIAS ENGARRAFADAS

CB020467

FUNDAÇÃO EDITORA DA UNESP

Presidente do Conselho Curador
Herman Jacobus Cornelis Voorwald

Diretor-Presidente
José Castilho Marques Neto

Editor Executivo
Jézio Hernani Bomfim Gutierre

Conselho Editorial Acadêmico
Alberto Tsuyoshi Ikeda
Áureo Busetto
Célia Aparecida Ferreira Tolentino
Eda Maria Góes
Elisabete Maniglia
Elisabeth Criscuolo Urbinati
Ildeberto Muniz de Almeida
Maria de Lourdes Ortiz Gandini Baldan
Nilson Ghirardello
Vicente Pleitez

Editores Assistentes
Anderson Nobara
Fabiana Mioto
Jorge Pereira Filho

DAISY DE CAMARGO

ALEGRIAS ENGARRAFADAS

Os alcoóis e
a embriaguez na cidade
de São Paulo
no final do século XIX
e começo do XX

editora
unesp

© 2012 Editora UNESP

Direitos de publicação reservados à:
Fundação Editora da UNESP (FEU)
Praça da Sé, 108
01001-900 – São Paulo – SP
Tel.: (0xx11) 3242-7171
Fax: (0xx11) 3242-7172
www.editoraunesp.com.br
feu@editora.unesp.br

CIP – Brasil. Catalogação na fonte
Sindicato Nacional dos Editores de Livros, RJ

C176a

    Camargo, Daisy de
      Alegrias engarrafadas: os alcoóis e a embriaguez na cidade de São Paulo no final do século XIX e começo do XX / Daisy de Camargo. São Paulo: Editora Unesp, 2012.
      il.

    Inclui bibliografia

    ISBN 978-85-393-0375-5

    1. Bebidas alcoólicas – Consumo – São Paulo (SP) – História – Século XIX. 2. Bebidas alcoólicas – Consumo – São Paulo (SP) – História – Século XX. 3. Bebidas alcoólicas – Aspectos sociais – São Paulo (SP). I. Título.

12-9357

                  CDD: 362.29098161
            CDU: 364.692:663.51:615.015.6

Este livro é publicado pelo projeto Edição de Textos de Docentes e Pós-Graduados da UNESP – Pró-Reitoria de Pós-Graduação da UNESP (PROPG) / Fundação Editora da UNESP (FEU)

Editora afiliada:

Asociación de Editoriales Universitarias
de América Latina y el Caribe

Associação Brasileira de
Editoras Universitárias

Agradecimentos

Ao professor Carlos Eduardo Jordão Machado, meu orientador. Aos professores membros de minha banca de defesa, Jaime Rodrigues, Luis Soares de Camargo, Eduardo Romero de Oliveira e Célia Reis Camargo. Agradeço a acolhida generosa, a confiança e o incentivo. À Fapesp, pelo apoio financeiro que possibilitou o trabalho. Ao amigo Eduardo Oikawa Lopes Às minhas queridas amigas Glaucia Lima, Irene Lenharo, Vera Araújo e Clara Custódio (por todos os cuidados). Ao Rafael Morato Zanatto, por todas as nossas correspondências.

Ao Amon e Maria Luiza Ferreira de Oliveira, pela ajuda em Portugal; ao Julien, pelas indicações de acervos e livrarias francesas; à Fernanda, pelo estímulo na pesquisa na França. A Ernesto Bohoslavsky e Daniel Lvovich, pelas indicações bibliográficas portenhas.

Aos funcionários do Arquivo Municipal Washington Luís – todos das seções de manuscritos e biblioteca, mas sobretudo ao Luís Soares de Camargo e Celina Yoshimoto, pela paciência e por todas as indicações valiosas no decorrer de toda a pesquisa. Ao Brás Ciro Galotta, por sua atenção no Instituto Histórico e Geográfico de São Paulo. Aos funcionários do Arquivo Público do Estado de São Paulo, Arquivo Judiciário do Estado de São Paulo, Casa da Imagem, Acervo de Artes da Ibovespa, Itaú Cultural, Centro de Memória da Faculdade de Saúde

Pública, Fundação Patrimônio da Energia, Biblioteca Mário de Andrade, Biblioteca do Condephaat, Cedic/PUC, Fundação Biblioteca Nacional, Biblioteca Nacional Francesa, Arquivo Fotográfico Municipal de Lisboa, Museu da Cidade de Lisboa, Biblioteca do Museu da República e Resistência de Portugal, Biblioteca Municipal Central Galveias de Lisboa, Hemeroteca da cidade de Lisboa, Bibliotecas da Faculdade de Letras da Universidade de Lisboa e da Universidade de Ciências Sociais e Humanas da Universidade Nova de Lisboa, Museu do Chiado.

Aos meus colegas do Condephaat: Carlos Eduardo Salgueirosa de Andrade, historiadoras (Edna Kamide, Marly Rodrigues e Ana Luiza Martins) e todos os arquitetos, que me mostraram os caminhos de uma poética do espaço. Ainda um agradecimento especial a Walter Fragoni, por ter me presenteado com o livro *Mme. Pommery*.

À Maria Aparecida Gomes, pela digitação de parte de minhas anotações de pesquisa. Ao Marcos Moraes, grande amigo de vida e companheiro de jornada nas minhas incursões pela escrita, pela revisão e leitura atenta de meu texto.

Ao Máximo Barro, que me mostrou alguns caminhos da cachaça. Aos professores que ministraram os cursos que frequentei: Tânia Regina de Luca, Henrique Carneiro, Denise Bernuzzi de Sant'Anna, Eddy Stols cujas dicas, discussões e anotações de aula foram de grande valia. Agradeço também à querida professora Estefânia Knotz C. Fraga, pelo abraço, carinho e ajuda, fundamentais para a confecção do projeto de pesquisa.

E por fim e principalmente ao Beto, meu companheiro.

Para digerir a felicidade natural,
como a artificial, é preciso, antes de tudo,
ter a coragem de engoli-la.

Charles Baudelaire

Inclusive eu já morri a morte dos outros.
Mas agora morro de embriaguez de vida.

Clarice Lispector

SUMÁRIO

PREFÁCIO

O livro de Daisy de Camargo foi escrito de maneira alegre e, ao mesmo tempo, sóbria. Não se trata de contraditar o título: digo apenas ter a certeza de que a autora estava sóbria enquanto escrevia e que o resultado nos alegra. Fruto de uma pesquisa acadêmica original e muito bem escrita, o trabalho vem à luz da única maneira que posso imaginá-lo: íntegro, encorpado, dentro de um único vasilhame, e não servido na forma de artigos que, em doses, exigiriam a recomposição por parte do leitor interessado em todo o conteúdo.

Por falar em leitor interessado, esta edição amplia o leque das boas leituras disponíveis para aqueles que procuram a historiografia como gênero narrativo só pelo prazer. Temos vivido uma onda de interesse pela história e alguns escritores tem surfado nessa onda. Para a formação de público, o resultado disso tem sido muitas vezes desastroso como um tsunami, se quisermos continuar na metáfora líquida. Aqui é diferente: Daisy domina a linguagem acadêmica e é, ao mesmo tempo, uma escritora de mão cheia. Assim, se o leitor começa este percurso com algum receio de se aborrecer, afirmo que não será preciso ingerir nada para vencer as páginas que se seguem. Garanto uma leitura inebriante!

Este livro trata de uma época que não existe mais, de uma São Paulo que se modificou profundamente entre meados do século XIX e as primeiras décadas do século XX. Até aí, a obra enfrenta concorrentes de peso, já que o período e a cidade foram objeto de muitos e valiosos estudos nos últimos tempos. Mas *Alegrias engarrafadas* é original também por isso, ao encontrar uma vereda para discutir a cidade do ponto de vista de seus habitantes menos visitados pela historiografia.

Os populares que viviam e circulavam pelo núcleo central da cidade ganharam vida material nas formas, espaços, endereços e cores. Mas a vida não é só isso, e o intangível dos sabores, aromas e gestos também inunda o ambiente, frequentado por gente pouco ortodoxa nos termos da regulamentação social que se tentava impor naqueles anos decisivos da história paulistana. Higienistas, por exemplo, esforçaram-se para definir os comportamentos, e o trabalho de Daisy de Camargo nos mostra que não havia um só discurso e uma só prática, nem entre os cientistas nem entre os populares.

Moral e ciência usavam uma a roupagem da outra, conforme a conveniência. Que o leitor não se deixe enganar: esse constante travestir do binômio moral/ciência não está, absolutamente, superado na contemporaneidade. Basta acompanhar os debates sobre questões candentes, como pesquisas com células-tronco e regulamentação do direito ao aborto, para constatar que ainda somos filhos do século XIX, da ciência e da moral produzidas naqueles tempos. No entanto, gostamos de nos embriagar com nossa própria autoimagem moderna...

Como não se identificar com a afirmação contida neste livro de que "o historiador é todo dolorido"? Sofrer e penar, lutar e morrer são experiências muito mais visitadas pelos historiadores do que sentir prazer. Mas a vida cotidiana é maior que só o prazer ou só a dor. Daisy privilegia os espaços da sociabilidade e da embriaguez, o que torna sua obra muito relevante para pensar o cotidiano dos populares deste e de outros tempos e lugares. Lógico, nem todos os que bebem o fazem somente por prazer: há quem beba para esquecer a dor, ou abrir o apetite, outros para ter boa digestão. Há não muito tempo, numa dimensão histórica, a propaganda queria fazer crer que certos alcoóis permitiam às lactentes um leite mais fortificante e muitas mulheres acreditaram nisso. Ou seria o contrário, e a crença popular no leite fortificado pela cerveja preta é que levou os fabricantes a divulgarem as propriedades de seus produtos alcoólicos como verdadeiros complementos alimentares? Trata-se de uma questão, entre muitas, em busca de resposta. Historiadores sempre podem colaborar, com respostas e com novas perguntas. O álcool consumido em São Paulo vinha de longe e também dos arredores da cidade. O livro menciona isso e muito mais. Temos aqui uma ideia sobre a logística do comércio, uma visão dos espaços de bares e tascas como lugares da sociabilidade, talvez do agenciamento de serviços, ou simplesmente da fofoca – ainda que os homens, principais frequentadores desses espaços, não gostem de admitir que fofocam. Balcões de bares paulistanos talvez sejam herdeiros de uma tradição ibérica. A ver, pois Daisy continua interessada nesses ambientes, em uma perspectiva mais ampla do que a da acanhada São Paulo da virada do século retrasado, e novos resultados virão. Por ora, ler este livro é uma das poucas chances de conhecer os ambientes da embriaguez, que a autora, conscientemente, se recusa a confundir com o alcoolismo do discurso medicalizante. A vitória de certos projetos urbanísticos destruiu não só os bares como também ruas inteiras da área central onde se concentravam esses estabelecimentos. A Rua da Esperança e suas alegrias engarrafadas foram-se para sempre. Mas algo dessa sociabilidade, desse espaço de tramas corriqueiras, de imoralidade e de enganos, sobrevive em outras partes da cidade? Decerto que sim, e certamente transformados. A própria alegria encontrou outras formas de se expressar na nova urbe que surgiu. Isso nos alenta, por sugerir que as sanhas reformadoras, por mais que destruam constantemente a cidade, não são arrasadoramente vitoriosas como querem nos fazer crer os estudiosos de uma perspectiva que apenas considera os projetos e suas inspirações haussmanianas.

A cidade é dos cidadãos, acima de tudo. Enquanto puderam, cidade e cidadãos pulsaram na Rua da Esperança, e também no Brás e em outras paragens. Negros e brancos, nacionais e estrangeiros, construíram e reconstruíram São Paulo de diferentes formas e em diferentes circunstâncias. Conviveram, trabalharam, compartilharam ambientes, frustrações, dissabores e alegrias. O que a obra de

Daisy de Camargo nos mostra é que essa cidade já foi mais diversa e divertida, mesmo enfrentando problemas. Sem nostalgia, talvez fosse o caso de pensarmos em formas de recuperar práticas e convivências perdidas.

Matemos, pois, o bicho, pelo bem de nossa saúde. Leia sem moderação!

Jaime Rodrigues

APRESENTAÇÃO

Por milênios o homem foi caçador. Du-
rante inúmeras perseguições, ele aprendeu
a reconstruir as formas e movimentos das
presas invisíveis pelas pegadas na lama,
ramos quebrados, bolotas de esterco, tufos
de pelos, plumas emaranhadas, odores
estagnados. Aprendeu a farejar, registrar,
interpretar e classificar pistas infinitesimais
como fios de barba.

Carlo Ginsburg

O historiador é o rei. Freud, a rainha.

Marcelo Masagão

No filme *Ilha das flores* o cineasta Jorge Furtado conta a história
da miséria humana perseguindo a trajetória de um tomate podre sucessivamente rejeitado por homens e porcos.

Este livro trata do consumo de bebidas alcoólicas na cidade de São
Paulo no final do século XIX e começo do XX e das relações sociais que
permeiam esse hábito, desvelando gestos e sensibilidades do cotidiano
da cidade, captando costumes, modos de vida e sujeitos extintos. Ou
seja, o objetivo foi explorar uma cultura gestual, material e sensível,

historicamente construída, ligada às bebidas espirituosas, seus objetos, seus lugares de uso, suas maneiras e ritos de saborear.

O propósito foi fazer uma história de coisas banais, recompor em cacos os espaços dos botequins, seus mobiliários, as bebidas que eram vendidas, as gentes que os frequentavam, os caminhos e disputas dos alcoóis e outras drogas no controle dos corpos.

Tomates podres, restos de registros de indivíduos ordinários, plantas de bares e freges, inventários de tabernas e armazéns, listagens de copos, garrafas de bebidas, mesas, cadeiras. O historiador é o trapeiro que vai ao lixão e percorre o caminho de volta do tomate recusado.

O historiador é o rei no filme de Marcelo Masagão, *Nós que aqui estamos por vós esperamos*, em que o cineasta traça uma narrativa verossímil sobre a história do século XX, por meio de montagem de excertos fílmicos, alinhavando personagens anônimos e históricos.

O historiador é rei e trapeiro: elege, edita, atualiza. O trapeiro é herói nos escritos de Baudelaire e Walter Benjamin. É aquele que recolhe o lixo do dia vivido, o que a cidade desconsiderou, e recorta, separa, reorganiza. Ao reaver o processo do trapeiro na obra de Baudelaire, como metáfora da conduta do poeta, Benjamin (1989, p.16-7; Bolle, 2000, p.86-7) ancora essa retomada no seu próprio procedimento com os despojos: remontá-los, ressituá-los. A atitude-chave aqui é a ressignificação.

É evidente que meu livro – balizado em vestígios – persegue o caminho traçado pela micro-história. E é por isso que interessa retomar uma herança de Walter Benjamin que, em *Passagens* (Benjamin, 2006), elabora uma conclusão direta de aspectos plásticos presentes no espaço urbano e nessa configuração percebe toda uma época. É uma obra de um escavador de cacos e ruínas, traços, registros do passado. O historiador não tem de recontar, traduzir totalmente o original. O que interessa é a colagem de pedaços, de fragmentos. O resultado dessa colagem é um mosaico, uma reconstrução que mantém a fragmentação. Benjamin chamou a atenção para fissuras, cicatrizes, objetos urbanos vistos até então como irrelevantes. Sua intenção, como a minha, é salvar o particular, o micrológico, o que é inassimilável pelo pensamento globalizador.

Esse método da grelha ou grade de cruzamentos, em que os estilhaços da história tratados por Benjamin são resgatados num enredamento de correspondências, ressurge com os sintomas, indicados por Carlo Ginsburg, de uma determinada época ou grupo social (Pesavento, 2005, p 64-5). Em *Mitos, emblemas e sinais*, Ginsburg (1989) enfatiza a sua proposta de um enfoque no particular, nos indícios, quando expõe o método interpretativo morelliano, que parte de resíduos, de dados marginais, considerados reveladores e que podem levar a um quadro histórico mais profundo.

Morelli segue os signos pictóricos; Sherlock Holmes, as pistas; Freud, os sinais. Mas o ponto de ligação entre os três é a medicina e sua noção de sintoma, pois a doença (ela mesma) é inalcançável. O que é acessível é a dor, os pinicões e os desconfortos. É por meio desses indícios que se pode mostrar um quadro sintomático inteligível.

A construção de uma expressão como paradigma (procedimento) indiciário (baseado nos vestígios e na imaginação criadora) aparece como provocadora o bastante para pensar que é preciso mais do que datar um sinal: é necessário buscar um sentido, fazer a trama.

O indício como algo que já foi representado aponta para o historiador intérprete a sua atividade de remetaforização. O historiador tem o resto de algo que não é uma cópia, mas um indício de um código de símbolos e representações que os homens numa determinada época elaboraram para contar a sua experiência. Trata-se, portanto, de uma multiplicidade, de um encadeamento de significados que está dentro da própria intriga que o historiador tem de buscar e fazer uma inferência a partir de determinados comportamentos. O historiador, portanto, ressignifica, remetaforiza suas pistas, para um contexto maior.

Nota-se que para Ginsburg e Jacques Revel (1998), outro historiador da microanálise, as coisas não estão soltas, isoladas. Tampouco estes dois autores abriram mão de uma ideia de totalidade. A micro-história não pensa o pequeno, mas sim o processo a partir do micrológico. Daí a necessidade das mudanças de escala de observação. Dentro dessa perspectiva de leitura, um indivíduo tem uma relação muito mais complexa, mais rica, com o mundo com que se relaciona do que dão conta as explicações gerais, globais, unívocas. No macrológico, amido é sempre amido. Não obstante, comer um bolo de festa de casamento, um pãozinho no café da manhã e tomar uma hóstia são atitudes muito distintas. Esse histórico-cultural que a microanálise depura não é uma migalha ou um capricho, mas uma possibilidade séria de explorar o conhecimento histórico.

Da mesa ao *boulevard*: percurso de pesquisa

Praça do Comércio, Lisboa. Num caminho aberto que me levava em direção ao Tejo, um homem cujas vestes sugeriam ter despencado do Islã do século XII ofereceu-me o que possuía de mais valioso e sagrado: "Ouro?" E na minha réplica negativa diante da riqueza, contrapôs: "Haxixe?", apresentando-me um pedaço doce e esverdeado de felicidade.

Não aceitei – que não sou pessoa de consumir produto de procedência incerta –, mas o que ficou pregado na minha cabeça foi a ideia de que a felicidade podia ser vendida a céu aberto, em pedaços ou presa em garrafas. Entretanto, essa subversão da percepção, esse deslocamento no espaço e tempo não é feito sob um céu descerrado, tão claro. Ela fica num mundo paralelo e poroso. É uma empreitada desembaraçada de remorsos. Mas não é mais uma fatia integrante, solta no cotidiano afora.

Não há cultura humana que não tenha feito uso de substâncias psicoativas, seja por impulsos espirituais, religiosos, seja por puro prazer. O ópio é utilizado pelo homem desde o Neolítico. Na Antiguidade era consumido pelos sumérios, egípcios, gregos, romanos e chineses.

É provável que a cerveja feita de cevada maltada já fosse fabricada na Mesopotâmia em 6000 a. C. No Egito ganhou *status* de bebida nacional, utilizada inclusive para fins curativos, sobretudo contra picadas de escorpião. Seus mortos eram enterrados com algumas jarras cheias de líquido dourado.

Os arqueólogos aceitam acúmulo de sementes de uva como evidência de elaboração de vinhos. Escavações em Catal Hüyük (talvez a primeira das cidades da humanidade), na Turquia, em Damasco na

Síria, Byblos no Líbano e na Jordânia revelaram sementes de uvas do período Neolítico, de cerca de 8000 a. C. Os egípcios não foram os primeiros a produzirem vinho, mas certamente foram os que começaram a registrar e celebrar os detalhes da vinificação em suas pinturas que datam de 3000 a 1000 a. C. No Islã do século XIV as classes médias do Cairo e Damasco consumiam haxixe publicamente.

Há séculos o homem enleva seu espírito com substâncias que vêm de fora, equilibrando liberdades e restrições. Entretanto, foi no século XIX que as drogas e a alteração das consciências por elas causada se converteram num problema. Antes formavam parte de seu cotidiano.

Esse período é marcado por uma fissura: a proibição, a postura de medir o que excede e a falta de convívio natural com as drogas, e nisso inclui-se o policiamento em relação ao uso do álcool. O prazer não podia pairar impune pelas ruas. Tinha de estar sob controle. A minha preocupação temática está fincada sobre essa cicatriz.

Com esse assunto na minha cabeça e perseguindo sinais sobre o uso do álcool da cidade de São Paulo, remexi os documentos dos Juízos da capital, localizados no Arquivo do Estado de São Paulo, e localizei processos criminais que percorrem o período de 1872 a 1899, relacionados ao delito da embriaguez.

Diante desse achado, passei a investigar outras fontes que versavam sobre o tema, como inventários de bens *post-mortem*, dicionários, registros de profissões, material do Departamento de Higiene e Polícia do Município de São Paulo, relatórios de chefes de polícia, posturas municipais, almanaques, plantas da cidade e de estabelecimentos de vendas de bebidas, indicadores comerciais, memorialistas, depoimentos de moradores da cidade, periódicos da época.

Num segundo momento foquei o desvendamento da documentação rastreada na Fundação do Patrimônio da Energia: artigos de jornal (1908-1920) e relatórios (1907-1920), todos versando sobre o confronto entre bêbados e os novos objetos que surgiam na cidade e que lhe concederam aceleração da velocidade dos fluxos: os bondes elétricos, instalados pela Light & Power no ano de 1901. Finalmente, centrei-me na pesquisa das imagens da cidade e seus lugares de embriaguez. No cruzamento com outras fontes, essa iconografia indicou-me endereços de prisões, pontos de consumo de bebidas, arruaças, além de indícios dos sítios que mapeei, como botequins (localização e movimentação) e logradouros públicos. Ademais, as fotos apontaram para vestígios de tipos populares e transformações urbanas.

Ao deparar com esses fragmentos, veio à tona a possibilidade de trazer a embriaguez como experiência possível da história da cidade de São Paulo. A pertinência de trazer os bêbados como personagens da cidade é que estes sujeitos apontaram para um caminho de fuga: tavernas e homens que despejam alegrias engarrafadas. Interpelar esses documentos sobre a embriaguez foi um caminho de leitura para revolver a São Paulo do final do século XIX e começo do XX e tentar dialogar com a cidade das tascas, dos botequins, do vinho e da cachaça.

A proposta do trato com a documentação foi inserir o particular em duas preocupações principais e perceber estes personagens da embriaguez em duas experiências maiores: por um lado, o processo de transformação da cidade de São Paulo naquela virada de século e, por outro, situar os microgestos do consumo das bebidas alcoólicas. Para cotejar as fontes escolhidas com o contexto da cidade e com as manifestações da embriaguez, assumo o pressuposto de que um documento tem de dialogar com outro documento, posto que uma série não é garantia de mobilidade social e pode, no mais das vezes, reiterar estereótipos. O que eu procurei, portanto, foi o salto de uma fonte para a outra, um diálogo de uma fala com a outra.

Na continuidade dos trabalhos, no ano de 2007, cursei disciplina oferecida como Tópicos Especiais pelo Departamento de Pós-Graduação da Unesp de Assis. O curso, ministrado pelo professor Eddy Stols, versou sobre a história da alimentação no Brasil e a incorporação de alimentos e bebidas alcoólicas brasileiras na Europa a partir do século XVI.

Entre as indicações valiosas dadas pelo professor no decorrer das aulas, está a que diz respeito à realização de pesquisa sobre tavernas, bodegas e armazéns em Portugal, de onde vinha grande parte dos donos desse tipo de comércio estabelecido em São Paulo no século XIX.

Várias foram as fontes que reiteraram as falas do professor Stols. A leitura de *Entre a casa e o armazém*, de Maria Luiza Ferreira de Oliveira, de *Imigração portuguesa no Brasil*, de Eulália Maria Lahmeyer

Lobo e *Documentos para a história da imigração portuguesa no Brasil (1850-1938)*, de Maria Beatriz Nizza da Silva, dos memorialistas e de alguns inventários dá conta da grande influência da cultura lusitana no comércio de molhados na São Paulo oitocentista.

Embora a imigração portuguesa tenha se destacado com a crise vinícola do norte de Portugal (1886-1888) e também sido incentivada pela abolição da escravatura e a proclamação da República aqui no Brasil, é certo que havia uma entrada regular desses imigrantes no país em décadas anteriores. Se de 1871 a 1880 a média de partidas legais de Portugal era de 17.000 e em 1888 ultrapassava 20.000, de 1866 a 1871 a média anual aproximava-se de 10.000. O Brasil era visto pelo imaginário desse país como terra de abundância e oportunidades, haja vista várias modinhas lusas do período sobre o assunto (Lobo, 2001, p.16-22).

Maria Beatriz Nizza da Silva (1992, p.138) estende a corrente emigratória portuguesa para o período desde 1850 a 1930, sendo que muitos portugueses tinham como destino o Brasil. Entre 1855 e 1865, por exemplo, 87% dos emigrantes atracaram em terras brasileiras. Boa parte desses imigrantes era composta de caixeiros, negociantes e comerciantes, conforme atesta a autora:

> Para termos uma idéia da variedade de ocupações a que se entregava o imigrante português no Brasil, basta analisar o estatuto profissional dos primeiros sócios de duas associações filantrópicas, uma de São Paulo, a Sociedade Portuguesa de Beneficência, fundada em 1859; e outra do Rio de Janeiro, a Caixa de Socorros d. Pedro V, criada em 1863.
> Na primeira dos 123 sócios fundadores, 44,7% [eram] negociantes e 29,2%, caixeiros. (ibidem, p.48)

Muito por conta desses fatores, o comércio da cidade de São Paulo foi fortemente marcado pelos estrangeiros e sobretudo por lusos, segundo Maria Luiza Ferreira Oliveira (2005, p.215):

> Uma das características que logo chamam a atenção é a grande presença de imigrantes no grupo. Mais da metade dos lojistas que analisamos era de europeus que incluíram São Paulo em seus projetos de vida. Muito

já se falou da grande presença de imigrantes na cidade em finais do século XIX, mas ainda não sabemos tanto sobre as vivências daqueles que se estabeleceram abrindo negócios, exercendo ofícios. De toda a forma, os imigrantes não marcaram presença apenas na última década do século, quando desembarcaram em massa no estado, mas também no período 1875-1882, ainda com a escravidão. Entre os inventários de 44 lojistas desse momento, 23 eram imigrantes, o que representa a metade da amostra. ↖ [....]

O comércio da cidade de São Paulo mostrava-se fortemente marcado pela presença de estrangeiros, sobretudo portugueses.

Miguel Milano, filho de dono de armazém de secos e molhados, também discorre em seu livro sobre os portugueses que dominavam os quiosques de alimentação de rua, localizados no bolsão formado pelos Largos do Bexiga (depois Riachuelo), do Piques e da Memória: "Preferiam-no por ficar muito próximo do centro; [...] pelos tragos da boa pinga que tomavam nos quiosques de dois bojudos portugueses de bigodes fartos e retorcidos" (1949, p.29-31).

Ainda Ernani da Silva Bruno (1991, v.II, p.647) relata sobre o botequim do Chico Ilhéus, dentre outros lusitanos, que tinha um armazém no Largo da Sé, onde servia vinho barato em grandes copos de vidro. Todas essas pistas fizeram-me crer que essa pesquisa seria enriquecida com uma investigação sobre os estabelecimentos lusos vendedores de bebidas alcoólicas do mesmo período, buscando perceber as influências, reapropriações e adaptações que esses personagens operaram no contexto da cidade de São Paulo.

Já a pesquisa nos arquivos franceses foi impulsionada pelas intervenções sobre os hábitos de higiene dos menos favorecidos e quanto aos seus costumes do beber. A lição era moral, mas travestida de cunho científico. A higiene, na segunda metade do século XIX, encontrou espaço para expandir-se enquanto ciência e integrar-se aos propósitos da engenharia, arquitetura e autoridades públicas. A França e a Inglaterra são exemplos de como a higiene foi catapultada de um hábito individual para uma ciência coletiva de alcance internacional, sendo tema de congressos, estudos e publicações (Sant'Anna, 2007, p.200).

Na Inglaterra, um dos expoentes desse movimento foi Edwin Chadwick, secretário da Poor Law Commission, encarregado de reformar o sistema de assistência pública inglês e insistente demonstrador das inter-relações entre pobreza, doença e morte. Partidário da teoria dos miasmas, colocava como causa fundamental das doenças a insalubridade das moradias populares e indicava como soluções a canalização da água e um sistema de evacuação de águas servidas. Em 1854, assume John Simon, herdeiro de Chadwick, que, em 1870, faz uma reforma sanitária em Londres considerada modelar e muito citada em artigos da imprensa brasileira na época (ibidem, p.202-3).

Na França, a ampliação do campo de atuação da Higiene ocorreu em grande parte por conta das descobertas de Pasteur. Tudo começou com um marco decisivo no que tange à história das ciências. Pringle e Mac Bride publicam, por volta de 1750, trabalhos sobre as substâncias pútridas, discorrendo sobre a química pneumática e a fantasmagoria da patologia urbana. Todo esse discurso carrega novas inquietudes. O lixo, o esgoto, o corpo do morto, tudo desperta o medo. A ciência encarregar-se-ia de destruir e deter o miasma.

A partir do século XVIII e de Pasteur o Ocidente inventou outra ciência. O mundo anterior a Pasteur era regido pela medicina hipocrática, balizada no equilíbrio da temperatura dos corpos. Seguindo essa teoria, o que provoca doença é visível. Existem o corpo microcosmo e o corpo macrocosmo. A saber: o nosso corpo tem relação intrínseca com o mundo externo a ele e deve ser tratado com os mesmos instrumentos. Com as descobertas de Pasteur aflora um mundo invisível de micróbios e bactérias. A partir de então, o parâmetro do corpo seria ele mesmo.

Com o impacto desse diagnóstico, no século XIX é o pavor em relação aos núcleos pestilenciais gerados pelas epidemias que organizou a cidade e os espaços. É em nome da repulsa que a estratégia higienista elabora seu projeto de purificar o espaço público. É claro que os bêbados que cambaleavam pelas ruas também seriam recolhidos nesse rodamoinho civilizatório. É dentro desse contexto que as reformas realizadas na Paris do século XIX, por Haussmann, nomeado por Napoleão III, fizeram desta cidade um exemplo a ser exportado para o mundo.

Com os ensinamentos de Pasteur os franceses descobriram que era mais fácil desinfetar os espaços urbanos do que isolar as pessoas infectadas por pragas. Esse pensamento higienista e de aformoseamento das cidades de Londres e Paris repercutiu de maneira cabal no Código de Posturas promulgado em 1886 para a cidade de São Paulo. Esta legislação acentuou a vigilância em relação às construções e utensílios, inclusive nas tabernas e botequins, vigendo sobre a higiene desses estabelecimentos, nas maneiras de produzir, armazenar, servir bebidas. Penalizava também os donos de tabernas que servissem álcool aos já ébrios.

Antes disso, a reforma judicial de 1871 ampliou o sistema para que este aplicasse as funções previamente assumidas por chefes de polícia, delegados e subdelegados. Muitos funcionários da polícia criticaram uma nova exigência, que seria a do mandato por escrito para qualquer prisão que não fosse em flagrante. Perdendo a autoridade para ordenar a detenção preventiva de suspeitos, o chefe de polícia e seus delegados muitas vezes tinham de libertar pessoas que segundo eles deveriam ser acusadas. Entretanto, no que diz respeito à vigilância e punição de ofensas menores contra a saúde e a ordem pública – e entre esses delitos cabe a embriaguez –, essa continuava sendo a principal atividade das operações policiais. O aparato de repressão seguiu prendendo ébrios e vagabundos sem problemas, e até com mais eficiência, assumindo mecanismos de controle mais complexos (Holloway, 1997, p.229).

Em 1891 a lei estadual n.12, de 28 de outubro desse ano, reorganizou a Inspetoria de Higiene da Província do Estado, órgão governamental responsável pelas questões de saúde pública de São Paulo durante 47 anos, passando por diversas reformas administrativas. Este órgão estava subordinado à Secretaria do Interior e tinha como baliza a atuação em três campos: orientação do governo sobre os assuntos de higiene e salubridade pública, aplicação de planos de melhoramentos sanitários e execução do regulamento sanitário. Em 18 de julho de 1892 a instituição viria a tornar-se o Serviço Sanitário do Estado.

Posteriormente, a reforma do Código Sanitário de 1911 (cujo primeiro documento data de 1894), como explica Maria Alice Rosa Ribeiro (1993, p.111-5), surge como uma nova tentativa de controle de doenças e excluídos, e põe à mostra que a modificação da cidade foi tamanha, que era preciso assumir novas formas de saneamento de males e sujeiras:

> Em 1911, foi feita uma reforma no Código Sanitário que colocou na ordem do dia preocupações relacionadas ao processo de urbanização. Nesse sentido, a reforma trouxe para a legislação questões que se desenvolveram no decorrer do processo de crescimento das cidades do Estado, em especial, da Capital que, na última década do século XIX, cresceu excepcionalmente.
> [...] o regulamento de 1911 reforçou a parte do policiamento sanitário da Capital, tornou mais rigorosas as normas, definiu responsabilidades pela fiscalização, criou órgãos específicos para atuarem no policiamento e no estudo das questões colocadas pelo intenso crescimento da cidade: a presença das fábricas, o crescimento da população, o aumento do número de construções urbanas, o crescimento dos cortiços e da indigência. Nesse sentido, o regulamento sanitário com seus 562 artigos pendia para a cidade de São Paulo e para os novos problemas surgidos com o processo de crescimento urbano desordenado.

Percebe-se, neste apanhado, uma tentativa de normatização da vida e dos comportamentos no espaço urbano, por parte do poder público, seguindo em grande parte as contaminações do pensamento higienista. A pesquisa em arquivos franceses, realizada sobretudo nos acervos de imagens da cidade de Paris, que documentam as reformas de higiene e embelezamento, ajudou a perceber de que maneira essa propalada Ciência da Higiene e dos bons costumes, que culminaria nas reformas de Haussmann, interferiu no espaço público paulistano, nas suas práticas de morar, de viver, circular, comer, beber.

Este percurso de pesquisa, de dentro para fora, das mesas das tabernas de São Paulo às reformas parisienses e seu impacto no contexto urbano paulistano, está balizado em grande parte no pensamento de Walter Benjamin, que focaliza Paris como a cidade-mãe oitocentista, cujos problemas e relações culturais interagem com as outras cidades de periferia, como é o caso de São Paulo. Para compreender esse projeto de entendimento, Willi Bolle (2006, p.1141-67, p.1143), em seus estudos sobre *Passagens*, de Benjamin, elabora uma historicização da palavra metrópole:

Na Antiguidade, a metrópolis (do grego *méter* = "mãe" e *pólis* = "cidade") designava a "cidade-mãe", em relação às "cidades-filha" ou "colônias" que ela fundou e que dependiam dela, sendo que a metrópole podia tanto ser uma cidade quanto um Estado. Enquanto na Grécia as colônias eram relativamente independentes da cidade-mãe, essa situação mudou radicalmente no Império romano: as colônias resultaram da subjugação de outros povos e países e eram mantidas num regime de dependência, o que aumentava o domínio de Roma. No auge daquele Império, não obstante a existência de filiais, ou seja, de metrópoles de segundo e terceiro grau, a Metrópole, a rigor, só existia no singular. No início da era moderna, o fenômeno da metrópole ressurgiu nos empreendimentos coloniais da Espanha e de Portugal, que fundaram na América Latina cidades filiais estratégicas como Ciudad de México, Buenos Aires e São Paulo que, a partir de meados do século XX, se transformariam de forma explosiva em megacidades.

Isso posto, percebemos mais claramente como o autor das Passagens focaliza o fenômeno da metrópole, no sentido pleno da palavra. As marcas de Paris como centro de um império colonial encontram-se espalhadas pela obra inteira.

[...]

Em suma, a imagem da metrópole como abreviatura do universo está condensada nesta tripla definição das passagens como "uma cidade, um mundo em miniatura", "templo do capital mercantil" e "o molde oco a partir do qual se cunhou a imagem de modernidade".

O conceito de metrópole como cidade-mãe reemerge, portanto, no período do imperialismo oitocentista, sobretudo no que diz respeito a Londres e Paris, propulsoras de modismos, mas desvelando também o seu contrapeso: a periferia e os marginalizados que nelas habitam, inspirando assim outra perspectiva de análise, para além de uma visão eurocêntrica e da riqueza.

Da taberna ao "bota-abaixo": recorte cronológico

O espaço-tempo percorrido neste livro sobre a experiência da embriaguez vem a ser a cidade de São Paulo, entre os anos de 1860 e 1920. Embora o ano de inauguração do Curso Jurídico da Faculdade São Francisco date de 1828, é sobretudo a partir de 1860 que a cidade sente os reflexos desses novos consumidores. Por um lado, os estudantes criam sociedades e revistas literárias, alteram os costumes e os equipamentos urbanos, com a demanda inflada de repúblicas, hotéis, pensões, livrarias, tabernas, casas de bilhar, cafés, confeitarias, botequins, cervejarias.

Por outro lado, esse período dá conta de intervenções urbanas que ocorreram na década de 1870 na cidade de São Paulo, no que diz respeito aos códigos de obras de 1875, durante a gestão de João Teodoro (1872-1875), que decretaram a condenação das técnicas e formas construtivas da tradição ibérica que imperava até então na cidade; a intervenção do poder público na regulação arquitetônica e urbanística da cidade; o "bota-abaixo paulistano", efetuado a partir de 1912, com a demolição de grande parte do centro – Rua Direita, 15 de Novembro, Rua do Quartel, Santa Teresa e Esperança (as três últimas para ampliação da Praça da Sé). Essas modificações tinham como bojo uma nova proposição de exibir a cidade (Barbuy, 2006, p.28). É lógico que populares bebendo e atirando impropérios nos espaços públicos não combinavam com essa nova proposta de urbanidade que emerge.

A São Paulo do final do século XIX era ainda uma cidade misturada, que obrigava uma convivência entre negros e brancos, ricos e pobres, damas e mulheres desconsideradas. É claro que essa coexistência incomodava e era repleta de conflitos e repúdios. A reforma efetuada pela prefeitura na Praça da Sé, durante as administrações de Antônio Prado e Raimundo Duprat, tinha como objetivo varrer a geografia do prazer e da embriaguez.

Todavia, muito antes dessa cirurgia drástica, o poder público, sobretudo a partir do Código de 1886, vistoriava tabernas e quartos alugados por homens e mulheres considerados de ínfima classe social.

Na ampliação do controle estatal sobre o mundo do prazer, que culminaria com a tentativa de extinção da boemia popular no centro da cidade, nos anos de 1910 e 1920, a vigilância da grande imprensa era perspicaz, assim como a leitura das autoridades policiais, jornalistas, pessoas respeitáveis e memorialistas que retratavam os arredores da Sé, onde havia muitos botequins e muitas pessoas pobres eram presas por embriaguez, como um labirinto de tabernas sórdidas, escuras e pestilentas (Gonçalves, 1919).

No entanto, no que diz respeito às camadas populares das grandes cidades, no final do século XIX elas davam mais valor à cidade do que à moradia. A rua era mais importante do que a casa para a população pobre, já que esse espaço era fundamental para a sua sobrevivência.

No contraponto dessa experiência estava o esforço que as ciências, como a Medicina, a Engenharia e o Direito, exerciam para adequar a cidade nômade a seus cânones. Em suma, abriu-se certo ressentimento entre a pobreza, a miséria, o vício, a confusão e a imobilidade *versus* os higienistas, a ciência e a razão, que tinham como proposta desamontoar as atividades e grupos sociais e fazer circular o que estava estagnado. Esse projeto de assepsia implicou a ordenação de um espaço público, para que houvesse a ordem pública, e num ataque direto ao espaço em que as camadas pobres sustentavam sua sociabilidade: a rua. A ideia de uma cidade orgânica, racional e geometrizada veio de encontro com os nômades urbanos, com a cidade das tavernas, dos pequenos delitos, dos tumultos. O que se dirá da embriaguez? – que esgarça as coisas e as desloca de seu universo habitual.

Travou-se uma tensão nas ruas e tavernas, posto que estes sujeitos embriagados, estas existências confusas e desregradas, mergulhadas numa vida de expediente, difícil de ser esquadrinhada e adestrada, estavam inscritos nesse desencontro, na medida em que agiam na contramão desta cultura asséptica, que postulava a limpeza e a organização.

Em suma, os desejos acirravam-se: controlar, libertar as potências evocatórias, dissipar sofrimentos. Mas a repulsa em relação ao uso do álcool não pode ser explicada tão somente como projeto do dito progresso tecnológico e do crescimento urbano. Esses adventos acentuaram os movimentos de intolerância (Corbin, 2002), mas foi preciso captar os repúdios, prazeres, condescendências e as estratégias colocadas em prática pelas autoridades. Trata-se de um campo de estudo fragmentário, no qual real e imaginário se abraçam e se confundem. No mais, procurei detectar como essas forças disciplinadoras se chocavam contra resistências recônditas e buscar a rede entre o sonho de vida regrada ditada pelo discurso científico e sobre as intolerâncias novas que afloram.

O levantar de copos: uma história do consumo e cultura material

O meu livro está inscrito nas preocupações que envolvem os estudos da cultura material. Em *Civilização material, economia e capitalismo*, a primeira grande síntese sobre cultura material realizada, publicada em 1960, Fernand Braudel apresenta sua base de trabalho e novos aspectos da vida material a serem explorados. No volume I desse estudo, Braudel percorre as estruturas do cotidiano, o possível e o impossível, tratando do primeiro nível quase imóvel da vida cotidiana: o comer, o beber, o vestir, o morar, as fontes de energia, as revoluções e atrasos técnicos, as moedas de troca.

Nesse mesmo campo, em *História das coisas banais*, Daniel Roche, discípulo de Braudel, pensa o consumo em todas as suas nuances, explorando sobretudo os inventários de bens franceses. Considera de outro ângulo a relação estabelecida entre o que é produzido e o que é consumido, uma mudança de atitude em relação às análises históricas que privilegiam a produção e a oferta.

Refletir em torno da historicidade do que faz a trama da vida comum é uma tentativa de compreender nossa relação com as coisas, com os objetos, com o mundo (Roche, 2000, p.12). A pertinência de uma história da civilização material é a da possibilidade de uma história cultural que pretende explicar os fenômenos da vida que dizem respeito à pluralidade da apropriação. Segundo esse conceito-chave, largamente discutido por Roger Chartier (2001), um mesmo código pode ser apreendido de múltiplas maneiras. É por isso que não vale a pena traçar uma oposição ente produção e consumo, pois produção é consumo e consumo é produção.[1] Ainda no que diz respeito à cultura material, o mesmo Chartier ensina, a propósito de suas questões lançadas em torno de uma história da leitura, que a materialidade do livro condiciona os sentidos que ele por ventura possa libertar (ibidem). Deve-se, portanto, situar o objeto no conjunto das vozes em questão. Nessa perspectiva o objeto é algo delicado, complexo, repleto de engajamentos e sutilezas.

A cultura material busca, enfim, as respostas que os homens dão às sujeições dos meios em que eles vivem. Essas réplicas revelam-se por necessidades, desejos representados, entre outras coisas, por objetos. Posso dizer o mesmo em relação ao consumo de bebidas alcoólicas, tema aparentemente excêntrico, no sentido literal, de "desvio do centro", mas que diz muito sobre traços culturais, mudanças de gosto, comportamentos e tolerâncias de consumidores.

Poucas pesquisas históricas não roçam em objetos num momento ou noutro. Não existe objeto sozinho. Ele não conhece a solidão. Nunca está à parte. O objeto expressa algo que foi produzido pelo homem, e disto decorre que dentro dele há certos limites e certas potências que conjuntas resultam numa combinação, num determinado momento histórico.

Nem é necessário aqui descartar a visão de que o objeto é uma mera expressão de uma ideologia burguesa, uma cicatriz fútil do efêmero e do inútil. Estou mais para o lado de François Dagonet (1985, p.12) que diz que "qualquer objeto, mesmo o mais comum, contém engenhosidade, escolhas, uma cultura". Ou seja, compartilho da noção de que o objeto está colado a um saber e a um ganho de sentido, perceptíveis no seu modo de aquisição e nas regras, formas e lugares de uso.

---

1 Cabe aqui retomar o questionamento levantado por Roger Chartier (1995) por conta de polarizações como cultura popular e erudita, criação e consumo, realidade e representação, produção e recepção.

Historicizar o prazer

Enfrentar os sentidos como campo de estudos é tomar a percepção sensorial como um ato, não só físico, mas cultural. A visão, o olfato, o tato, o gosto, a audição, não são meramente meios de captação de fenômenos físicos, mas sim de transmissão de valores culturais. Um dos focos do tratamento temático é a embriaguez nos domínios da história dos sentidos. E devo dizer que a experiência com os alcoóis é uma abordagem privilegiada, posto que mistura a visão, o olfato e o paladar.

Posso contar com a leitura de Alain Corbin, no que diz respeito à sua contribuição para uma história do sensível. Na obra deste historiador encontram-se as bases de uma antropologia sensorial e de uma história das sensibilidades, internacionalmente considerada bastante original e difícil de classificar. Seus textos tratam da história das maneiras de ver e ouvir em outras épocas, sempre revelando novos territórios de pesquisa para o historiador.

Para esse autor, a sensibilidade é historicamente formada e isso, muitas das vezes, não se dá de forma tranquila, revelando embates e disputas, tolerâncias e repúdios. No caso do meu livro essas nuances são perceptíveis nas diferentes maneiras de lidar com a bebida e a embriaguez entre os populares, policiais, comerciantes, médicos. É todo um campo novo de disputa que se forma, revelando aspectos sociais e culturais.

Corbin não inventou a roda. Desde os anos de 1930, historiadores, como Lucien Febvre (1965, p.221-38), vêm se debruçando sobre o terreno dos sentidos. Mas o que é original em Corbin é que ele vai longe em sua tentativa de historicizar as condições de possibilidade, os modos de sentir, abraçar, repudiar, produzir e conceber prazeres e dores, tecendo uma rede de proibições e atrativos.

Entretanto, historicizar o prazer é bem mais difícil do que perseguir a dor. É possível traçar a história da dor no século XIX, por meio das transformações advindas da descoberta da anestesia, por exemplo, perscrutando como era acolhida por diferentes homens e mulheres, e toda a mudança ocorrida na cena cirúrgica (Corbin, 1999, p.213). Já o prazer deixa poucos vestígios. Sem contar que nos meios universitários o estudo do sofrimento tem muito mais *status*. O historiador é todo dolorido. E digo isso de cadeira, porque também já morri a morte dos outros. Passei anos da minha vida debruçando-me na minha dissertação de mestrado sobre a imagem da morte e a experiência da amargura nas iconografias do periódico anarquista *A Plebe*. Agora me vejo com esse novo desafio: recortar uma cultura do sensível por meio do prazer da embriaguez.

Tematização

O percurso da tematização deste texto persegue respostas a perguntas simples que devem ser consideradas: onde, quem, o quê, como se bebia? No encalço destas indagações, o livro está dividido em duas partes. A primeira é denominada "Mesas, balcões, calçadas: os espaços da embriaguez". Esse trecho é um estudo acerca dos lugares de consumo de alcoóis na cidade de São Paulo (como tabernas, armazéns de molhados, quiosques, cabarés) e também sobre uma das ruas da boemia popular do centro, a Rua da Esperança.

Os capítulos 1 e 2 são respectivamente "De cachaça a absinto" e "Vida de taberneiro não era nada fácil". Ambos são frutos da exploração de dois inventários de donos de tabernas e armazéns de secos e molhados. O primeiro capítulo trata de Bernardo Martins Meira, morto em 1876, português, dono de um armazém de molhados na Rua do Comércio e posteriormente na São Bento, onde também destilava bebida; o segundo, de José Barbosa Braga, morto em 1875, também lusitano, dono de uma taberna ou casa de molhados na Rua do Príncipe. O intento do texto foi reconstruir o espaço, os costumes e o universo sensível das tabernas e armazéns onde se produziam, vendiam e consumiam bebidas alcoólicas. As descrições dos avaliadores são extremamente detalhadas, percorrendo desde os imóveis (número de lanços, portas e janelas), o mobiliário (número e descrição de mesas, cadeiras, balcões, armações), os objetos (copos, cálices para champanhe e vinho) até os tipos de bebidas (vinhos, nacionais e importados, cerveja hamburguesa e nacional, conhaque, aguardente). Com os endereços detalhados, também foi possível recompor os logradouros em que se localizavam esses estabelecimentos comerciais, por meio de documentação diversa, como fotos, almanaques e jornais.

Os inventários, enfim, possibilitaram um passeio pelas ruas, mas em vez de olhar as vitrines, entrar nos estabelecimentos. E era esse o meu desejo desde o início da formação deste estudo: atravessar as tavernas e botequins, recompor seus mobiliários, objetos, sentir sabores, no esteio da exploração do tema sob a perspectiva da cultura material e sensível.

O capítulo 3, "Sob sol, chuva e moscas", versa sobre a saga da instalação dos quiosques na cidade no decorrer dos anos de 1880 até sua extinção, com as reformas urbanas ocorridas na década de 1910, passando pela análise desse objeto e suas ligações com as influências do mobiliário urbano e reformas haussmannianas parisienses sobre as cidades brasileiras. Trata também da maneira que esses quiosques foram reapropriados em São Paulo, conforme especificidades locais.

No capítulo 4, "Au Paradis Retrouvé", foi utilizado como fio condutor o romance de Hilário Tácito, intitulado Madame Pommery. Este trecho do livro aborda aspectos da paulicéia das décadas de 1910 e 1920, inclusive amorosa e alcoólica, com a abertura de cabarés inspirados em estabelecimentos parisienses como o Moulin Rouge e o Chat Noir, e a incorporação de hábitos boêmios como o uso do champanhe.

Para o capítulo 5, "Uma cartografia ordinária", a ideia foi reconstruir um mosaico desse logradouro que, tradicionalmente, no decorrer do século XIX e mesmo no começo do XX, era um lugar de boemia popular. A empreitada foi um exercício de cartografia, com a montagem da rua e localização dos estabelecimentos, como botequins, lojas de molhados, tascas. Esta confecção foi elaborada a partir do cruzamento e uniformização da malha documental, sobretudo de referências de impostos, reformas e vistorias em botequins, registros de profissões, plantas de estabelecimentos e almanaques. Além disso, os registros iconográficos serviram para completar informações, recolher e fixar objetos, lugares e situações. Esse mapa da

Rua da Esperança, por sua vez, foi sobreposto ao mapa do discurso urbanístico, das reformas de embelezamento e higienistas influenciadas pelas transformações efetuadas em Paris, a cidade-mãe, e que extinguiram esse logradouro.

A segunda parte do texto chama-se "Para uma cultura gestual da embriaguez" e tem como meta a perseguição de sujeitos ébrios, rituais e iconografias da embriaguez.

No capítulo 6, "Passos em falso e tropeços", o objetivo foi seguir o sujeito João Gato, que foi alvo de um processo criminal por embriaguez, e a partir dele, imergir na vida cotidiana da *urbe*, percorrer seus universos e o contexto histórico dos lugares onde pisou. O plano foi historicizar essa existência comum e também percebê-la, ressignificá-la dentro dos contornos de estigmatização do pobre e do bêbado numa cidade em mudança.

No caso do capítulo 7, "Entre o palhaço e o equilibrista", o viés temático versa sobre o trato de um repertório iconográfico do universo da embriaguez. Percebem-se nesse repertório traços de permanências na representação da ebriedade como elemento reconhecível, passando pelas cenas de embriaguez de Noé, *O Baco* de Caravaggio, os bebedores de absinto de Toulouse-Lautrec e Picasso, que margeiam a sedução da falta de controle do *clown* e o desafio gravitacional do equilibrista. Há, entretanto, no que diz respeito ao século XIX, a reapropriação (desta vez bastante negativa) da imagem bonachona do ébrio por parte da ciência e das Ligas de Temperança, revertida para a "educação" por meio das cartilhas de campanha contra a embriaguez. A intenção foi perceber como se deu essa transformação dentro do contexto de um novo pensamento, sobretudo no campo da medicina, que passa a vigorar no século XIX, segundo o qual a ebriedade é vista como queda física e moral e o abuso do álcool é rotulado pela primeira vez como enfermidade, sobre a alcunha de *alcoolismo*.

O capítulo 8, "Entre a boca e o copo", trata dos rituais de sociabilidade e microgestos ligados ao beber em grupo, como o brinde, o beber até cair e o mata-bicho (hábito de beber alcoóis pela manhã). A tentativa foi historiar esses rituais e perceber como eles foram reapropriados na cidade de São Paulo no período trabalhado.

PARTE I
MESAS, BALCÕES, CALÇADAS: OS ESPAÇOS DA EMBRIAGUEZ

1
DE CACHAÇA A ABSINTO:
UM PASSEIO PELAS TABERNAS E ARMAZÉNS

Por muito tempo eu me fiz as perguntas mais difíceis. Aplico-me atualmente às coisas mais simples. Trata-se para mim de fazer falar as coisas, pois eu mesmo não consegui falar, isto é, justificar-me por meio de definições e de provérbios. Tratarei, pois, de formar as coisas em noções práticas. Mas práticas em quê? Para a conversa mais terra a terra. Minha maneira de rolar o rochedo de Sísifo, eis o que tenho de mais pessoal.

Francis Ponge

Cheiro de acre

Sobra um tanto do cheiro de acre de apertar a garganta da produção e da tomada em retalhos das bebidas do armazém de Bernardo Martins Meira.[1] O inventário de bens *post-mortem* proporciona esse

---

1 Inventário de Bernardo Martins Meira, Arquivo Judiciário do Estado de São Paulo, Processo 689/1876. Tanto esse inventário quanto o de José Barbosa Braga (2372/1875), utilizado para a escrita do próximo capítulo, foram indicados por Oliveira (2005).

privilégio. É uma espécie de pedaço de tempo congelado, com relato dos objetos contidos e a vida dos homens ali inscrita, assim como seus hábitos, necessidades, escolhas. É quase como visitar as ruínas de Pompeia, mas em vez de pessoas paradas no meio dos seus gestos, ficaram suas coisas, nas quais a trajetória de uma vida se encontra incrustada. Trata-se de uma possibilidade aberta de entrar na cova, na cena, e figurar os objetos que eram característicos da dimensão de um espaço social determinado.

Essa relação de bens permite imaginar um ambiente onde garrafas e pipas se misturam: capilé, vinho do porto, vinho branco ordinário, tinto e de laranja, Southerne e Bordeaux, verde (vinho jovem muito apreciado no norte de Portugal), rum da Jamaica, espírito de vinho, absinto, genebra holandesa, bíter, conhaque Jules Rubim, cervejas Christiana, Estrella, Hamburguesa, licor Yapana, bebida da terra.

Clientela bastante diversificada devia ser a desse senhor Bernardo Martins Meira: de vinho branco ordinário para beber e vender a miúdo aos menos abastados, até o vinho do porto embravecido e fortificado com álcool de uva; o absinto – destilado fosforescente e fabricante de sonhos feito a partir de raízes de angélica machucadas (Silva, 1889, p.64) e que transforma o açúcar em esponja rasgada quando o atravessa –; conhaque (cuja queima faz o ponche), vinho Bordeaux e Southerne, também napoleônicos, todos para saciedade de luxo de bolsos e ritos sofisticados.

Do conhaque e do vinho fortificado não sei, mas dizem que um dos primeiros sintomas observados com o uso do absinto é a falta de pudor (Rago, 1991, p.103). Ainda constam nas compras de Meira botijas de Coraçau, a famosa aguardente de Paraty, uma das mais conceituadas do Brasil na época, garrafa de vinho Liberdade – para acompanhar apenas muitas latas de sardinha e mais nada. Ah! E para proteger todo esse patrimônio, uma espingarda fina Laposte, de dois canos, com polverinho e chumbeiro, que o mundo lá fora já não estava para brincadeiras.

Do cristal ao coco: os recipientes e as formas de uso e consumo

Tão eclética quanto o acervo de alcoóis é a coleção de copos desse estabelecimento: vinte cálices de cristal para cerveja, trinta cálices para champanhe, 11 taças de vidro, 15 cálices para vinho, *12 dúzias* (?!...) de copinhos. Esses copinhos, frequentemente relacionados nos inventários de comércio, provavelmente eram utilizados para consumo de destilados fortes, como a cachaça, a genebra, o espírito de vinho. Nota-se que os copos pequenos comportam também uma diferenciação nas formas de consumo: a cerveja e o vinho são bebidos em sucessivos tragos e o processo de embriaguez é paulatino. A aguardente e outros destilados mais fortes são ingeridos em recipientes menores, num só trago, sem chance de tomada de fôlego, *"a palo seco"*, como dizem os espanhóis, e a consequente embriaguez é fulgurante. A saber, a maximização do efeito, a aceleração, o arrebatamento e o preço baixíssimo da aguardente criaram novas qualidades de embriaguez. E sabe-se que no decorrer do século XIX a aguardente, juntamente com o feijão, farinha de milho, toucinho e arroz era elemento fundamental no consumo diário de um homem pobre (Dias, 1984, p.162).

Do cristal ao coco, cálices de cristal barrigudos, "suarentos do gelo encolarinhados de espuma" (Sant'Anna, 1939, p.157) para impedir que a cerveja alemã perca seu frescor, taças de vinho, cálices para sorver bolhas de champanhe e o popularíssimo coco da Bahia, dos quais Bernardo Meira tinha cem unidades e que, segundo Denise Bernuzzi de Sant'Anna (2007, p.78), era muito utilizado para consumo de líquidos nos idos do XIX:

> Próximo ao pote, havia sempre um *coco da Bahia*, cortado ao meio que servia de cuia e copo. Para os mais abastados, as bordas do coco poderiam ser em prata. Não por acaso, o copo de prata lavrada se chamava coco.

Essa calha, esse recipiente no qual a bebida para, a fim de que possamos alcançá-la, surge em forma de copo e caneca no final do século XVII na Europa (entre as elites e um século mais tarde entre as classes populares) e se espalha paulatinamente conforme as posses. Até então, para beber, tragava-se direto no gargalo das garrafas (Roche, 2000, p.317).

Figura 1 – É fácil identificar na imagem quem é o bebedor de chope e quem é o de pinga, pelo tamanho dos copos

No Bar Baron

— Mucio, você prefere a pinga ao chopp?
-- Sim, detesto as bedidas de... espumas.

Autor: Voltolino, *O Pirralho*, set. 1917. Fonte: Fundação Biblioteca Nacional

Ainda no final do XVIII, muitas das vezes, vários convivas dividiam o mesmo copo. O material migrou da prataria (ricos) para outros materiais comuns, mais baratos e quebráveis, como a porcelana e depois o vidro, e aqui, no Brasil, entre os populares, o barro, de uma longa tradição de faiança portuguesa. Esse material é citado por Aluísio de Almeida (1998, p.28-9):

> *Louça de barro* – Cuias e tigelas povoavam a mesa do pobre ou remediado. E também os potes de bojo grande e pescoço fino, as peruleiras para vinho, para a água fresca.

Além das pipas já mencionadas, que continham bebidas, constavam no estabelecimento 24 delas vazias, sendo seis arqueadas de pau. Esses objetos são reutilizáveis, têm muitas vidas, são fortes, não exigem cuidados, e serviam de meios de transporte e armazenamento dos vinhos nacionais baratos, produzidos nos arredores da cidade e consumidos nas tabernas pela população mais pobre. Eram comuns nos jornais os anúncios de venda de vinhos nacionais em barris.[2] Afonso Schmidt (2003, p.61) relata a chegada de uma pipa de vinho para a festa de inauguração do trem que chegaria à Estação da Luz em 1865: "Uma pipa de vinho sobre rodas, como carro de aguadeiro, chegou entre aclamações. E caixas de licores. E grandes jarros de refresco".

Figura 2 – Notam-se dois barris ao chão, perto da figura humana localizada na porta do estabelecimento comercial, à direita da imagem

Autor: Edmund Pink, *O Palácio de Sola*, São Paulo, SP, c. 1823. Fonte: Acervo de Artes da Ibovespa

---

2 A Província de São Paulo, 24 abr. 1880, p.4: "Propaganda do Vinho Nacional e Chá do Morumby. R. da Quitanda, n° 18. Barril de Quinto (sem barril) 35$000".

Figura 3 – Mais uma vez é nítida a presença de barris, ao lado do balcão

Autor: Ângelo Agostini, *O Cabrião*, 10 fev. 1867. Fonte: Fundação Biblioteca Nacional

As pipas de vinho perderam o uso aqui no Brasil, mas nas tascas centenárias de Portugal sobrevivem até os dias de hoje, com seus mostos apelativos (Pinto, 2008, p.22).

Composição dos afetos: o mobiliário

Na mobília do armazém de Meira, dois aparadores com tampos de mármore e mais três, ordinários, uma mesa de centro com tampo de mármore, outra envernizada, 18 cadeiras "singelas", mais quatro ditas com encosto, um sofá, dois bancos de palhinha envernizada, um banco para jardim, uma mesa grande (que podia ser usada como mesa coletiva no comércio), um guarda-louça envidraçado, um burrinho com arreios novos, uma carroça também nova e um carrinho de ferro de mão, uma secretária, contendo 21 gavetas, para classificar e proteger segredos e conhecimentos (Bachelard, 2003, p.88).

A mesa aparece como um objeto-chave, posto que é muitas vezes o centro de uma cena. As pessoas reúnem-se em torno dela para beber, comer, celebrar, dividir e... beber novamente. Ela também é cercada de móveis e outros objetos periféricos, como cadeiras, copos, toalhas e outros panos, que revelam práticas, prazeres, trabalhos e gostos. Essa mobília, que reúne múltiplas situações, transfigura relações sociais.

Já os bancos e cadeiras, que podem ficar em volta da mesa ou se prestarem para outros usos, revelam a circulação entre sociabilidade e intimidade. Eram a garantia de mobilidade e autonomia na peça comum, pois possibilitavam a composição do espaço em função dos ritmos de utilização. Dessa maneira poderiam ser rearranjados, conforme o número de pessoas de cada grupo, os rituais (rodadas e jogos, por exemplo), afetos (como o casal que se desgarra do restante do ambiente para beber e namorar em paz), ou arrastadas para os cantos, no caso de danças, pelejas e freges.

O banco é o suprassumo da simplicidade; resumo da poltrona e da cadeira, pequeno, extremamente versátil e mais móvel que tudo. Daniel Roche (2000, p.251) fala que no final do século XVIII na França, embora rareasse nas residências, era bastante utilizado em tabernas, cabarés e outros lugares de usos coletivos: "Quanto ao banco, cada vez mais raro, era encontrado nos cabarés, nas tabernas, nas peças de uso coletivo, refeitórios de colégios e de conventos, de hospitais ou casernas".

Voltando ao inventário do armazém, à parte os objetos de cuidados consigo, que envolvem uma *toillette* com espelho redondo, um toucador com espelho quadrado e uma cômoda de óleo com pilastras, há apenas uma joia (para quem não alimenta crenças em absinto e vinhos do Porto) – um relógio de ouro com corrente do mesmo metal – e alguns enfeites, como seis quadros com vistas (pena que nunca saberemos de quem, de quê) e três vasos com mangas e flores artificiais.

Arrumar, conservar, guardar, acumular, mostrar, servir, repousar, circular – percebe-se no mobiliário elencado um resumo da resolução dos problemas e necessidades dos microgestos do cotidiano que envolviam moradia e comércio.

O móvel, marcado por sua mobilidade, era uma propriedade que se tornou, por oposição ao imóvel, impotente de deslocamento, a resposta à necessidade (o descanso, a alimentação, o trabalho, o prazer, que às vezes torna-se indispensável): o armário para guardar e organizar, a escrivaninha para o trabalho intelectual (ibidem, p.230), a mesa e as cadeiras para comer, beber, encostar, conversar. Afeitos a múltiplos arranjos, o mobiliário organiza os espaços e as práticas e o contrário também ocorre. Ele pode ser afastado ou recomposto, como já foi dito, conforme o arranjo de cada grupo, a ocasião, e até as exigências dos rituais de beber, comer, trocar, interagir.

A alquimia espirituosa: os alambiques

Muitos são os indícios de produção de bebidas no ambiente do armazém de Meira: um alambique grande com serpentina e mais dois menores; dois tachos de cobre, 3.600 rótulos para espírito de vinho, quatro mil para genebra, 95 milheiros de rolhas para garrafas, sete mil rolhões, 6.300 rolhas para vidros, uma prensa com mesa, uma máquina de arrolhar garrafas. Para completar esse verdadeiro jogo de alquimia, além de muitas tinas, peneiras sortidas e balanças, muita arnica em flor e em rama, aniz estrelado, cravo-da-índia, lírio florentino em pó, água de flor de laranja.

O material de confecção dos tachos, o cobre, muito utilizado na Europa, difundiu-se como suporte de alambiques, como conta Aluísio de Almeida (1998, p.5-75):

> O cobre trabalhava-se a frio, com uma simples bigorna e martelo, mas tem azinhavre. [...] A liga de cobre a zinco, *laiton* em francês, Portugal a importava da Alemanha e da Flandres desde o século dos quinhentos. A folha até por 1850 era obtida batendo-se e espichando-a a martelo, daí o termo *batery-work* que passou a nossa atual bateria de cozinha.

Os usos de utensílios de cobre estão ligados às teorias microbianas que regem o pensamento vigente na época. Paira no século XIX um medo assombroso de sorver, de se atracar e ser contaminado pelos miasmas que planam pelas cidades. Alguma coisa mudou na maneira de perceber e temer esse mundo invisível das bactérias, repleto de odores e ares nocivos. Dejetos, lixo e tudo que fosse indesejado ameaçam a ordem social: o pavor tem poder. Segundo essas teorias microbianas, alguns suportes, sobretudo os mais porosos e vulneráveis à umidade, como a madeira, o barro e a cerâmica não vitrificada, passam a ser considerados moradias de seres invisíveis e perigosos.

Daí a vigilância em relação às construções e utensílios, inclusive nas tabernas e botequins. A recomendação a ser seguida era o uso de recipientes de ferro ou cobre estanhados (Sant'Anna, 2007, p.227-8), que não corrompessem nem maculassem as bebidas.

O negócio do português Bernardo Martins Meira ficava na Rua de São Bento n.33, com casa térrea de quatro portas e dois mostradores. No *Almanak da Província de São Paulo para 1873* (p.120, p.126) o seu empreendimento estava classificado na categoria *Armazém de secos e molhados* e também em *Artes e indústrias, como fábrica de licores.*

Mas sua estrada no ramo de molhados na cidade de São Paulo a essa altura já era longa. Foi sócio fundador da Sociedade Portuguesa de Beneficência, criada em 1859, o que indica que esse comerciante já estava no Brasil desde esse ano (Martins, 2003, p.39). No mais, Meira já consta nos almanaques de 1857 e 1858, como seguem abaixo, como dono de armazém de molhados da terra e de fábrica de destilação de licores:

Almanak da Província de São Paulo, 1857.
Armazéns de molhados e gêneros da terra.
Bernardo Martins Meira, rua do Commercio (p.140-2).

Almanak Administrativo, Mercantil e Industrial da Província de São Paulo, 1857 (p.149).

Fabricas e Distillações p.149de Licores.
Bernardo Martins Meira, rua do Commercio.

Almanak Administrativo, Mercantil e Industrial da Província de São Paulo, 1858 (p.118)
Fabricas e Distillações de Licores
Bernardo Martins Meira, rua do Commercio.

Mas antes disso, no ano de 1855, a voz de Meira surge nas Atas da Câmara, juntamente com outros produtores, ao registrar sua antiga loja, ainda localizada na Rua do Comércio:

Requerimento de Jorge Gaimer, declarando que possue uma Fabrica de licores na rua Alegre n. 24, empregando como materias primas, agua, aguardente, assucar, e essência de roza, canella, cravo, sendo as vazilhas alambiques de cobre. Forão tomadas as declarações no livro competente. *Dito de Bernardo Martins Meira, fazendo iguaes declarações, quanto a Fabrica de licores, genebra, e mais bebidas espirituosas, que possue na rua do Comercio, n. 29. Teve igual despacho.*[3] (grifo meu)

A produção de sua microfábrica estava focada na genebra, bebidas espirituosas e licores. Sobre a genebra, segundo o *Dicionário de medicina popular de Chernoviz* (Chernoviz, 1862, p.70-1), é um líquido espirituoso, de altíssimo teor alcoólico, de gradação a 35%, retirada da maceração, fermentação e destilação das bagas de zimbro. Segundo Câmara Cascudo (2004, p.784), fazia parte da dinastia das bebidas finas e fortes, digestivas e animadoras das funções sudoríferas.

Também fabricados por Meira, os licores tinham a incumbência de perfumar, adoçar, maquiar e amansar a violência da aguardente. Não é à toa que essa morada tinha tanto de cravo-da-índia, aniz

---

3 Atas da Câmara da Cidade de São Paulo – 1855 – Publicação da Subdivisão de Documentação Histórica, vol. XLI, Departamento de Cultura, Divisão de Documentação Histórica e Social, 1940, p.155, 37ª. Sessão Ordinária aos 8 de outubro de 1855.

estrelado, lírio florentino em pó, água de flor de laranja. Na mesma linha, seu vizinho da Rua Alegre, Jorge Gaimer, cujo registro emerge nas Atas da Câmara, citadas anteriormente, também utilizava açúcar, essência de rosa, canela.[4] Quanto ao espírito de vinho (extraído de uva), basta dizer que se trata de um destilado que quase tem o poder de autocombustão, tamanha a concentração absurda de fogo. Mais inflamável que esse líquido, apenas as duas caixas de fogo chinês armazenadas na sala da frente do armazém. Cabe aqui ressaltar que por conta de seu alto teor alcoólico, o espírito de vinho sintetiza uma das essências dos alcoóis, que é o compartilhamento e a transgressão de dois elementos: a água e o fogo (e o mesmo pode-se falar de qualquer aguardente, a água que arde).

Por um lado, pertence ao meio líquido, cuja única tendência é o vício de derramar, de obedecer sua gravidade, dentro e fora de nós, numa quase lição de humildade e despojamento (sim, as coisas também ensinam). Para tanto, é capaz de qualquer estripulia: jorra, escorre, erode, filtra (Ponge, 2000, p.103).

Por outro lado, de todos os fluidos do mundo, essa bebida é a mais próxima da matéria do fogo (Bachelard, 1994, p.123-4). O espírito de vinho, como as outras aguardentes, oferece a possibilidade de sorver a chama, engolir um clarão e fazer o corpo flamejar. Quem prova desses experimentos nunca mais bebe qualquer preparo com a mesma inocência.

---

4 Segundo Câmara Cascudo (2004, p.784): "Os licores são do século XVIII, franceses em maioria, vindos de Portugal e prelibados lentamente pela gente poderosa e rica do vice-reinado. Nunca o licor se popularizou nas camadas humildes. Os 'nacionais', de manipulação doméstica, especialmente o de jenipapo, não eram 'bebidas de homem'. Nos bailes pobres havia sempre garrafinhas de licor 'para as damas' mais afoitas. Doce e ardente, diziam-no 'bebida de mulher'. Sua vulgarização maior datou do primeiro império e o prestígio social quando das recepções que a aristocracia oferecia constantemente. Fechava o jantar, indispensável para o charuto e a conversa amena, participada por damas e cavalheiros ao derredor dos licoreiros artísticos. Jantares e 'partidas' às vezes presididas pela gravidade melancólica de D. Pedro II, abstêmio".

Por meio desses ingredientes, dessas sementes, é perceptível um esforço paciente para a produção e experimentação de líquidos, sabores, cores e perfumes. Genebra, licores, espírito de vinho nos alambiques dos fundos sendo fervidos, engarrafados, servidos. Para somar nas prateleiras, absinto, conhaque francês e vinho do Porto, importados do outro lado do Atlântico. Num espaço da Rua São Bento cabia todo um universo: a produção e o consumo de alcoóis aconteciam ali e embaralhavam-se.

Não é qualquer um que tem o *know-how* para produzir em alambique: é necessário experimentação e alquimia. Para fabricar é preciso provar (quem diz que só faz e não toma, mente, mesmo entre as paredes sagradas dos mosteiros). No entanto, é possível ter o contato direto com os consumidores e estudar suas reações, predileções, recusas e, em cima disto, contornar a produção. B. M. Meira tinha nas mãos a roda da fortuna, o círculo completo do movimento perpétuo. Ele tinha todas as perguntas e respostas nos seus bolsos, mesas e quintais, recheados de alambiques.

O armazém de Meira era um dos 214 estabelecimentos de molhados abertos na cidade em 1873, contra apenas seis bilhares, um botequim (de Jacob Frederichs, na Rua Vinte e Cinco de Março, 95), dois cafés (um na Travessa do Colégio e outro na Rua da Imperatriz), duas casas de pasto (o Maçã de Ouro, na Rua da Estação, e a de Pedro Galino, no Largo de São Gonçalo) e duas confeitarias (nas ruas da Imperatriz e do Comércio).[5] Segundo *O indicador de São Paulo administrativo, judicial, profissional e comercial para o ano de 1878*, o número de armazéns subiria para 311 em apenas cinco anos.

Muitos autores têm reiterado a supremacia dos armazéns de secos e molhados até os anos de 1870 na cidade de São Paulo (Oliveira, 2005, p.277; Campos, 2004, v.II, p.261). Havia nesses lugares uma diversificação de produtos (importados sob a intermediação de casas importadoras ou produzidos nas próprias lojas), de usos (trabalho, moradia, bebedeira), de esferas (público e privado) e de fluxos, sendo o principal e grande alavancador do estabelecimento o de botequim.

---

5 *Almanak da Provincia de São Paulo para 1873*, p.120-5.

Eram espaços de sociabilidade onde se reiteravam hábitos e experimentavam-se novos sabores: esconderijos para beber, jogar conversa fora, pedir dinheiro emprestado,[6] inteirar-se de trabalhos de expediente e principalmente dos últimos fuxicos.

Meira também era um dos muitos representantes patrícios do ramo na cidade, posto que é certo o predomínio dos portugueses nesse tipo de comércio no decorrer do XIX, como relata Luiz Felipe de Alencastro (Alencastro; Renaux, 1997, p.309):

> O setor será, aliás, constantemente renovado pela vinda organizada de parentes portugueses que chegam como caixeiros para assumir, mais tarde, a sucessão do comerciante estabelecido na corte e nos principais portos brasileiros. Desse modo, a comunidade dos comerciantes portugueses no Brasil reproduz-se, ao longo do século XIX, no âmbito de um universo delimitado, cujo centro financeiro e mercantil situa-se no Porto e cujas bases demográficas residem na província do Minho, plataforma da imigração de caixeiros.
>
> No meio tempo, os comerciantes portugueses, donos da maior rede de distribuição de secos e molhados do Império, donos também – na corte e na província do Pará – de um número de armazéns excedia aquele possuído por brasileiros, tornam-se alvos da hostilidade nacionalista urbana.

Nesse sentido, sem querer evidentemente matizar um caso isolado, o armazém de Bernardo Martins Meira expressa bem algumas características do comércio de molhados dessa altura do XIX na cidade de São Paulo, embora, como se verá mais adiante, havia comerciantes bem menos abastados que ele.

Junto ao armazém de Meira, surgem a partir da década de 1870 restaurantes considerados chiques pela população paulistana.[7] Um dos exemplos é o *Progredior,* de propriedade do Conde Prates, que ficava na Rua 15 de Novembro. Virou um ícone do cosmopolitismo,

---

6 Sobre os empréstimos, é certo que Meira fornecia crédito aos clientes, o que provavelmente foi um dos grandes motivos de sua falência (Oliveira, 2005, p.276).

7 Heloisa Barbuy (2006) fez um levantamento minucioso desses restaurantes de elite localizados na Rua São Bento e arredores.

com fonte de onde jorravam alcoóis, café no térreo, ornamentado com cristais, porcelanas, painéis nas paredes, espelhos e adornos dourados. A proposta do estabelecimento era fazer ares de francês (Barbuy, 2006, p.125): *très chic*. O próprio termo *restaurante* só foi dicionarizado na língua portuguesa no final do XIX, como "casa de pasto elegante, e servida com boas iguarias, onde geralmente se come por lista", no contraponto da *casa de pasto*, lugar mais inferior, onde se pasta, ou seja, come-se a fartar (Silva, 1889, p.493 e 715).

Figura 4 – Rua São Bento, 1887. Percebem-se nesta foto, da rua onde se estabeleceu Bernardo Martins Meira, vestígios dessa cidade misturada: o casarão mais rebuscado convivendo com a casa térrea, o comércio mais sofisticado com o mais popular

Autor: Militão Augusto de Azevedo. Fonte: Acervo Iconográfico da Casa da Imagem/Museu da Cidade de São Paulo.

Mas é interessante frisar que o centro da cidade até os idos da década de 1880 ainda era bastante misturado: os restaurantes e cafés, que se pretendiam requintados, das Ruas São Bento e XV de Novembro, ficavam a metros dos armazéns-botequins, tascas e tabernas mal vistas das Ruas da Esperança, do Quartel, de Santa Tereza, como rastreou Ernani da Silva Bruno (1991, p.672-3):

Na segunda metade do oitocentismo algumas dessas lojas [...] se aparelharam melhor, particularmente em relação a artigos de luxo. Entretanto sabe-se que ainda em 1870 o comércio paulistano acusava alguma indistinção, com grande mistura de ramos nos mesmos estabelecimentos, e ao lado das lojas elegantes das francesas, na rua Direita, ou das outras, menos discretas, em que se ostentavam panos e bugigangas pendurados pelas portas – como se pode ver em algumas gravuras da época – funcionavam talhos de carne verde e tendas de ferreiros.

Quanto aos cafés, até metade do século XIX eram quase inexistentes. Na década de 1860 havia apenas o de Maria Punga, em frente à Academia, que contava com somente seis cadeiras, uma ou duas mesas, uma dúzia de xícaras. Era frequentado sobretudo por estudantes, negociantes e comerciantes. Não obstante, nas últimas décadas desse mesmo século instalaram-se diversos estabelecimentos do gênero, alguns até com gabinetes reservados, como o Java, localizado no Largo do Rosário. Um dos primeiros e mais requintados foi o Café Europeu, situado em uma casa térrea da Rua da Imperatriz esquina com o Beco do Inferno (travessa do Comércio). Há registros também do Brandão, no ponto em que mais tarde se ergueria o Edifício Martinelli; o Café Guarani, o Café do Terraço Paulista, no Largo São Bento; o América e o Girondino, na Rua Quinze de Novembro; o Cassino, na Rua Vinte e Quatro de Maio (ibidem, p.698, 1132, 1152-9).[8]

O comer e o beber a fartar ainda convivia lado a lado com o *très chic*. Pobre morava perto de rico, absinto com cachaça, armazém de molhados (que também era botequim) com *restaurant*, coco da Bahia com cristal, populacho com *crème de la crème*. Claro que no decorrer das próximas décadas haveria uma ânsia de separação e limpeza e essa transformação não se deu de forma linear, tampouco tranquila. Esse quadro evolutivo que se traça de uma passagem desembestada pela cidade de taipa, cidade europeia, cidade modernista, e chega à metrópole é mais uma construção paulistana na ambição da reiteração de uma identidade do progresso. O que se vê no cotidiano das ruas e

---

8 Sobre o assunto ver Martins (2008).

das moradas é uma diversidade de temporalidades, ritmos, costumes, hábitos, modos de viver, de se embriagar.

Figura 5 – Café Girondino, localizado na esquina da Rua 15 de Novembro com o Largo da Sé, cerca de 1910. Curioso que ao lado dos cafés era comum a instalação de charutarias, como se os dois estabelecimentos juntos formassem um pacote de sofisticação e bom gosto, entregue ao consumidor refinado

Autor desconhecido. Fonte: Acervo Iconográfico da Casa da Imagem/Museu da Cidade de São Paulo.

2
VIDA DE TABERNEIRO
NÃO ERA NADA FÁCIL

Numa taberna, pedi a um velho que me
informasse sobre aqueles que morreram.
Respondeu-me: "Não voltarão. É tudo o
que sei... Bebe vinho!"

Omar Khayyam

O necessário no seu limite e nada de segredos

O que não faltava no negócio de José Barbosa Braga[1] era vinho: tinto, branco, Bordeaux. Sem dúvida que essa bebida era muito apreciada pelos abastados e também pelos pobres que o tomavam em copos grandes nas tabernas (Bueno, 1998, p.154). O prazer nem sempre está dissociado da necessidade e até o século XIX o vinho – estágio das uvas em que seu suco abandona parte da doçura e abraça intensidade e força encantatórias – foi para os menos abastados uma complementação energética, uma opção de calorias mais baratas (Pesez, 1990, p.196).

O inventário relata também muitas garrafas de cerveja nacional e hamburguesa. Ernani da Silva Bruno (1991, p.1117) aponta para o mercado dessas bebidas – derivadas da fermentação alcoólica do mosto

---

1 Inventário de José Barbosa Braga, Arquivo Judiciário do Estado de São Paulo, processo 2372/1875

de cereal maltado, sobretudo a cevada –, sejam alemãs ou nacionais, no comércio paulistano na década de 1870:

> Nessa época já eram também comuns *as cervejas finas de procedência alemã*, acondicionadas em garrafas bojudas e vistosas, com arrolhamento encastoado e feito de fino arame. A cerveja Baviera, Hofbrau, a Carlsberg, a Franziskaner de Munich e a Baviera Giesinger Brauhaus de Munchen, cada uma delas tinha o seu importador exclusivo na cidade. Mas havia também outros tipos de cerveja, fabricados na cidade em geral por alemães. Henrique Stupakoff foi o fundador da Cervejaria Bavaria, precursora da Antártica. Bohemer fundara outra no Marco da Meia Légua. E Pedro Kauer montou a sua no Lavapés. Em 1877 apareceram as Stadt Bern, com chopes, boliches e caramanchões. Custava então o copo de cerveja nacional cento e sessenta réis. (grifo meu)

As primeiras cervejas locais eram consideradas produtos rústicos, cuja fermentação provocava grande quantidade de gás carbônico no interior das garrafas, pressionando as rolhas que estouravam. Para evitar esse prejuízo, os cervejeiros costumavam amarrar as rolhas com barbante no gargalo das garrafas, tal como no champanhe. Esse procedimento, associado à qualidade das bebidas, deu origem à expressão depreciativa "cerveja marca barbante". Esse termo acabou por ser incorporado como expressão popular para denominar outros produtos ou até indivíduos de qualidade ou caráter duvidosos.

Fora isso, na loja de Braga havia muita aguardente do reino, a bagaceira, destilado feito da borra da uva, um santo remédio, altamente considerado diante da aguardente da terra, retirada da cana. No mais, capilé, conhaque, bíter. Este último é um licor amargo para excitar apetites, preparado com aguardente, bagas de zimbro, casca seca de laranja amarga, raiz de genciana e ruibarbo (Silva, 1889, p.343), muito utilizado para a confecção do famoso *rabo de galo*, juntamente com a inocente groselha que também consta nesse inventário.

Nada de copos. Apenas uma mesa e três cadeiras, um marquesão, uma marquesa, um guarda-louça envidraçado, tudo muito ordinário. Nota-se nessa descrição de objetos de onde vivia e tinha comércio José Barbosa Braga a cultura material reduzida ao essencial, uma presença do necessário no seu limite e um déficit total do supérfluo. Nada de luxos ou esconderijos: pouquíssimos móveis, objetos e utensílios de usos múltiplos para resolver as demandas de trabalho e descanso, e... claro, bebidas, para vender e beber.

Aliás, segundo as intrigas que constam no inventário, era justamente beber o que gostava de fazer a viúva de Braga, Vicência Branca da Glória. A senhora é acusada pelo filho mais velho de andar sempre embriagada, e mais, que abrigava em casa outro homem, que era o caixeiro do marido. Uma dona de taberna sendo acusada de ser amante de cachaça é tal qual a história da raposa tomando conta das galinhas. A situação da viúva era grave. Sobre o caixeiro do falecido, nada mais foi dito ou investigado.

No andamento do processo, entretanto, dona Vicência é novamente acusada, dessa vez pelo escrivão, levando em conta testemunhas da vizinhança, de ser tomada pelo vício da embriaguez:

> Ilmo. Snr. Dr. Juiz de Orphãos
> É de meu dever denunciar a V. Sa. que a viúva inventariante Vicencia Branca da Gloria, por seu estado de enfermidade, e pelo vicio habitual da embriaguez, acha-se incapaz de dirigir [...] bens, como podem testemunhar os visinhos Francisco Antonio Rodrigues e José Joaquim de Jesus e quaesquer outros que forem notificados. [...] e para que V. Sa. delibere o que julgar conveniente offereço estes autos à conclusão.
> São Paulo, 21 de setembro de 1875
> Assina o escrivão Manoel Eufrazio de Azevedo Marques.[2]

À parte os mexericos, as acusações do filho e do escrivão não seguiram adiante. Mas tira-se desse detalhe anedótico sobre a maledicência e a maldade dos filhos e dos vizinhos uma lição acerca da importância do comezinho. Ainda está por se fazer uma história da fofoca, uma sociologia do boato do que estava por detrás dos balcões e pipas.

Entretanto, de todas as disputas intestinas, pouco sobrou para dividir dos bens de José Barbosa Braga e de sua taberna que, assim como o negócio de Bernardo Martins Meira, não sobreviveu à sua morte.

---

2 Inventário de José Barbosa Braga, Arquivo Judiciário do Estado de São Paulo, Processo 2372/1875, Fl. 65.

Tanto o comércio que tinham quanto a casa foram vendidos. Essa circunstância era muito frequente entre os negociantes, sobretudo os mais desprovidos, bem representados aqui por Braga. Ao quitar a dívida com credores e tendo a perder com os créditos cedidos para os clientes, muitas vezes não sobrava nada a ser partilhado pela família. Ter loja para a rua não era nada fácil e implicava um despojamento de luxos, uma vida repleta de percalços, dívidas e não pagamentos de fregueses. O calote não é um advento dos dias contemporâneos e muitas vezes esse comércio era a única esperança de crédito dos menos endinheirados.

Ademais, cabe um adendo sobre a figura do taberneiro, que quase nunca negava dinheiro, conselhos sentimentais, apoio moral. Para ser taberneiro há que se ter certa sensibilidade para saber quanto cada um dos frequentadores é capaz de beber, convertendo sua capacidade em dinheiro. Para alcançar tal refinamento é necessária uma longa experiência no ramo (Souto Maior, 2005, p.57).

Considerando que a taberna popular é o espaço onde se confundem as condutas públicas e privadas, o taberneiro é o ombro amigo que normalmente participa da conversa. Ele faz as vezes de filósofo, psicólogo, confidente, fiador, agente de empregos, e não é exagero medi-lo como um coadjuvante da confissão (Corbin, 1991, p.582).

A propósito do assunto, não se pode esquecer que o termo taberna vem de tabernáculo, que segundo os dicionários do XIX significa "uma capela portátil da Arca entre os hebreus. Uma divisão do templo dos judeus onde estava o altar com os pães, etc. e donde só entravam os sacerdotes, e Ministros do templo" (Silva, 1831, p.776). Essa origem etimológica não deve ser gratuita e há quem não negue que a taberna tem lá um caráter sagrado.

O balcão: uma arquitetura do beber

Entre alguns sacos de arroz, um lampião e as sempre presentes latas de sardinha, uma balança com conchas, termos de pesos e medidas, muitas barricas e garrafões vazios, uma armação para balcão alugada (Oliveira, 2004, p.62).

O balcão justifica, em parte, a falta de móveis para sentar. O tom é "encostar a barriga nele", como até hoje se fala em Portugal. Essa peça desempenha o papel de centro de comunicação e intercâmbio, de encosto, ponto de apoio para quem bebe (e não se aguenta nas pernas), quem serve, para as garrafas e copos, para o preparo das bebidas. Surge nas tabernas da Europa no início do século XIX, dividindo a sala em duas: o espaço de trás, reservado ao taberneiro, e o restante do ambiente. Ele, portanto, soma e divide, separa, mas ao mesmo tempo integra as relações e proximidades entre comerciante e borracho. Esse mobiliário, entretanto, adquiriu outros significados e pode especular um costume. Desde então, beber na taberna consiste em postar-se junto a ele.

Figura 6 – Uma das primeiras representações de um balcão de um *gin palace* inglês, início do XIX, Cruikshank

Reprodução

O hábito de beber em pé nos comércios populares parece ser uma tônica forte no decorrer do século XIX. Em alguns inventários paulistanos percebe-se que havia poucas cadeiras e as mesas eram ainda mais raras. Nos casos em que o negócio era instalado na sala da frente e o fundo era utilizado para moradia, os móveis da casa se confundiam com os do comércio e, muitas das vezes, na falta de espaço para a mesa e pela própria diversificação das atividades e produtos, bebia-se em pé aos balcões ou apoiados em caixas velhas (idem, 2005, p.274). Além disso, é possível estabelecer uma correspondência arquitetônica entre o balcão e a aguardente. No mesmo passo em que a aguardente acelera e potencializa a embriaguez, o balcão a precipita e condensa, na medida em que o beber em pé abrevia a estadia do consumidor (Schivelbusch, 1995, p.230). Nesse sentido, não deixa de ser um contraponto ao conforto caloroso das mesas, talvez mais propícias a brindes, rodadas e longos rituais.

O balcão abre ainda uma predisposição para a experiência coletiva, tão fortemente herdada nos botequins populares dos nossos dias.

Contaminações portuguesas: taberna, tasca, espelunca

José Barbosa Braga também era português, assim como Bernardo Martins Meira e muitos dos negociantes de molhados de São Paulo do século XIX. Pena não constarem nos documentos as suas cidades de origem, mas é certo que a descrição desses objetos batem muito de perto com o que se vê até hoje em tascas centenárias do Norte e de todo o Portugal, onde o costume, os hábitos e coisas da taberna perduram até hoje.

Em seu estudo denominado *As tascas do Porto*, Raul Pinto (2008) descreve esse universo de ambientes e objetos: amontoados de garrafões, cheios e vazios, muito utilizados no comércio popular a retalhos, como alternativa das pipas com torneiras rangentes, sem muito silêncio ou espaço, barricas, estantes de madeira envidraçadas, o velho balcão, mesas grandes e coletivas (que surgem no inventário de Bernardo

Martins Meira, tratado no capítulo anterior), bancos grandes (talvez o correspondente de José Barbosa Braga sejam as marquesas) e, claro, sempre: sardinhas (que como me confessou um filho de uma nobre linhagem de botequineiros, aconselha-se servir bem salgada, para dilatar a sede de líquidos).

Saiu no jornal *O Público*, de Lisboa, no ano de 2007, a notícia do suicídio do dono de uma tasca do Algarve. O motivo de o taberneiro ter dado cabo de sua própria vida não é o suposto e falso estereótipo da tristeza portuguesa. Bobagem! O fundamento da tragédia, largamente explorada, foi a visita de agentes da Autoridade de Segurança Alimentar e Econômica (Asae), que, tendo provado o medronho,[3] atestaram que não era genuíno e fecharam as portas do estabelecimento. São as regras da Comunidade Europeia impondo o pensamento higienista e asséptico. Mais uma vez a engenharia querendo determinar normas e sufocar costumes. Esses hábitos, entretanto, nunca são totalmente extirpados e resistem. Isso poderia ser um *déjà vu*, mas não é.

Em Portugal as tascas começaram a entrar em crise na década de 1990, à parte conjunturas locais, muito por conta das exigências da Comunidade Econômica Europeia. Não obstante, muitas sobrevivem até hoje, centenárias. Mas os tempos atuais não estão para tascos, como diz o historiador português Helder Pacheco (2008, p.12): "Nem a *gentrification* gosta deles, mas sim de *pubs, snacks, wine-bars, food and drink, take-away*, pizzarias e o mais que ainda está para vir. Como diria um amigo meu, muito iludido: 'É a globalização, pá!'".

Tal como no Brasil, os nomes desses estabelecimentos sempre se misturaram em Portugal. Ora dizia-se tabernas ou adegas (tradicionalmente o lugar aonde se vai para beber vinho), ora tascas, termo que nem sequer constava nos dicionários portugueses do XIX, posto o perigo que representava, a não ser pelo significado de *tasquinhar*, como *comer*, mas num sentido bastante vulgar (Silva, 1844, p.818). Lembro-me bem de uma expressão de quando era pequena, que caiu em desuso, algo parecido com *"minha mulher ninguém tasca"*. Helder Pacheco (2008, p.7) fala dessa carga pejorativa do termo:

---

3 Bebida típica do Algarve elaborada a partir da destilação de uma fruta regional.

E o mais baixo na escala, o pior de todos era, ainda assim, chamar tascoso. De qualquer modo, fosse qual fosse o vocábulo utilizado, nenhum conseguia aliviar a carga negativa que a ideia e o seu local pressupunham. [...] Havia mesmo epítetos e definições que se lhes adequavam, assim como: "Homem de tasco", ou "Mulher de tasco", este soezmente pior, e, por acumulação: "Gente de tasco", "Ambiente de tasco", "Vício de tasco", "Parar no tasco", "Paleio de tasco", "Comida de tasco", "Cheiro a tasco". De igual modo, epitetar alguém de "tasqueiro" ou apontá-lo como tendo "mentalidade de tasqueiro" constituía insulto quase ultrajante. E, se fosse "tasqueira", então nem se fala. E não por acaso, o que não deixa, aliás, de ter algum significado, os próprios donos dos tascos, por deliberada vontade de aligeirar ou aprimorar o baptismo, no intuito de evitar a carga que o epíteto continha, chamavam às suas lojas de "Casa" ou "Adega".

Já o termo *botequim* ou *botiquim,* é o diminutivo de *botica* (na significação de loja de mercadorias) e dá conta de casa pública onde se vendem bebidas, café etc (Silva, 1889, p.354). Como bem coloca Sandra Pesavento (1999), essa mistura de nomenclaturas e esse peso negativo acerca dos lugares populares de consumo de bebidas também era comum no Brasil do XIX:

A rigor, o "beco" é inseparável da "espelunca", assim como da "bodega". Chamada também de "boteco" ou "tasca", a palavra indica o estabelecimento onde se vende bebida alcoólica, frequentada por gente de baixa extração social e, sobretudo, de mau viver. É ainda a "taberna" ou "taverna", mas que, cotidianamente, é chamada pelo termo mais vulgar de "tasca". Na sua acepção brasileira, "tascar" é o ato de dar ou tomar um pedaço de algo que se come ou se desfruta. Tascar é ainda "meter a mão" e, numa linguagem popularíssima, pode ser um ato que se estende às pessoas.

A partir dos anos de 1850 a vida ficou cada vez mais difícil para os taberneiros estabelecidos na cidade de São Paulo, como José Barbosa Braga. Eram frequentemente acusados de desonestos e de envenenarem a cachaça com água.[4] A implicância aumentou quando as novas

---

4 *Correio Paulistano*, 12 jul. 1854.

modas de comércio que surgiram na cidade, consideradas signos de progresso, como os cafés, confeitarias e restaurantes, eram colocadas em oposição às tabernas pela grande imprensa. Até o começo do século XX essa aversão às tabernas e tascas cresceria (Sant'Anna, 2007, p.143). Tanto é que as tabernas, tascas e botequins tinham o fechamento obrigatório às nove horas da noite, enquanto as confeitarias e outros estabelecimentos mais bem-vindos podiam receber até a meia-noite (Rago, 1991, p.121). Por conta desse limite de horário, os entreveros com os fiscais eram constantes.

É o que choraminga Antonio Herdeiro, dono de um botequim situado à Rua Rodrigo Silva, n.6. Segundo o fiscal, Herdeiro negociava até tarde da noite e a multa é imposta, mas o pedido de relevação da penalidade, redigido pelo botequineiro, é impagável:

> Diz Antonio Herdeiro, morador estabelecido à rua Rodrigo Silva n.6, com botequim, que residindo no mesmo com sua família e estando a dias a receber visita de pessoas amigas e parentes chegados nesse mesmo dia de Portugal, pessoas essas que a muito não vê. Aconteceu com a natural espanção de allegria esquecer-se de feichar completamente a porta de seu negocio e por isso foi multado em 50$000. O senhor fiscal não quiz, ou não teve tempo de ver as pessoas que estavam em casa do supplicante o qual não tem empregados e lá reside com sua família, *e por ter o destino dado-lhe a condição de BOTEQUINEIRO não poderá receber em sua casa parentes e amigos de tão longe, e que se destinavam a partir para o interior na manhã seguinte?* O supplicante crê, que por maior que seja o rigor da lei, Ella não poderá chegar a tal ponto, e assim pede a V. Excia. que de acordo com o art. 11 da lei, por equidade o releveis desta primeira multa.[5] (grifo meu)

Também o espanhol Egisto Del Moro, dono de botequim à Rua do Gasômetro, n.114, fortalecido pelo apoio de seus fregueses, entrou em confronto físico e verbal, com direito a toda a sorte de insultos e impropérios que não se pode mencionar, contra o fiscal Álvaro Lopes

---

5 Departamento de Polícia e Higiene, Arquivo Municipal Washington Luís, Seção: Manuscritos, CAIXA, PJ34–1912, PMSP, Procuradoria Judicial, Relevância de multa, 7-5-1912.

de Araújo, quando este último, inadvertidamente, ousou adentrar o território em que, segundo relatou o tal funcionário público, ocorria um baile com cobrança de entrada e com a presença de criaturas de toda espécie, inclusive menores de idade.[6] Como prova do crime o fiscal Araújo anexou ao processo um bilhete de entrada para a tal frege que, pelo preço de quinhentos réis, ainda se dava ao disparate de oferecer um *vale chopp*.

Sobre a reação de Egisto Del Moro, cabe inferir que a perturbação de um espaço contra-institucional, nas bordas de um cotidiano normatizado, rasga ensejo para uma resposta ou peleja que talvez não coubesse ou fosse possível em outros contextos, lugares e situações (Andrade, 1988, p.259).

Talvez o botequineiro Antonio Herdeiro tenha exagerado quanto à tragédia de seu destino e nunca se saberá se a história da visita dos parentes era verdade ou só um recurso retórico, se era uma situação particular ou se ele recebia borrachos em horários proibidos. Outrossim, não se pode negar que os fiscais e policiais prestavam um olhar de lupa ao seu estabelecimento e aos bailes abertos realizados na baiúca de Egisto Del Moro, caracterizados pela não exclusão e pelas bebedeiras.

Do mesmo modo, as tascas e tabernas também eram consideradas espeluncas imundas, frequentadas por uma corja desqualificada, na leitura dos memorialistas, muitas vezes afastados das classes mais empobrecidas e com uma visão mais elitista do urbano, como é o caso de Sylvio Floreal (2002, p.63):

> Os profissionais das tabernas desobrigam-se, cumprindo a sua fé de ofício. Começam na sórdida paz das tascas, a beber pacatamente de tudo, inclusive raio liquefeito se possível for!... E os *bas-fonds*, onde essa corja se reúne, fervilham como pântanos em combustão. Acotovelam-se aos guinchos, aos berros, dejetando ditos obscenos, do mais baixo calão, em que há nomes de amasias de permeio com exclamações de valentia e palavras de desafio.

---

6 Departamento de Polícia e Higiene, Arquivo Municipal Washington Luís, Seção: Manuscritos, Caixa, PJ19 – 1908, PMSP, Procuradoria Judicial, Relevância de multa, 30.3.1908.

Até o bonachão Afonso Schmidt, um cronista quase sempre simpático à arraia-miúda, implicava com as "vendolas" localizadas na Rua do Príncipe (antiga Cruz Preta), onde ficava a taberna de José Barbosa Braga (2003, p.184):

> O Largo da Cadeia tinha duas igrejas: a dos Remédios e a de São Gonçalo. O mais eram residências humildes daquelas que nossos avós conheceram. Nas esquinas da *Rua Cruz Preta*, do Príncipe e da Esperança estavam estabelecidas *vendolas, mal frequentadas,* uma das quais tinha o nome sugestivo de Casa do Diabo, onde os "permanentes", alta madrugada, vinham do seu quartel no Pátio do Carmo, a fim de apaziguar sangrentas rixas. (grifo meu)

No último quartel do XIX ocorreram mudanças estruturais na sociedade paulistana, por conta da chegada de imigrantes, da abolição da escravatura, da proclamação da República e do surgimento das ferrovias (décadas de 1860 e 1870). No mesmo período, a gestão de João Teodoro (1872-1875) aponta para a acentuação da vigilância da ordem pública e dos costumes, diligência esta mais demarcada e consolidada com o Código de Posturas de 1886. Ou seja, esse processo de transformação, embora de caráter paulatino, de início, e acelerado nas últimas décadas do século XIX, pode-se dizer que começou com a transformação da feição urbana ocorrida com a instalação do Curso Jurídico e caminha até o começo do século XX. Lógico que essas mudanças não se deram de forma linear e deve-se ponderar que antigos hábitos foram preservados (Campos, 2004, v.II).

Mas o fato é que a leitura que se faz de botequins e tabernas do século XIX paulistano, como a de José Barbosa Braga, gira em torno do argumento de que ali o populacho se reunia para beber. Ou seja, esses estabelecimentos tragaram todas as potências da aguardente e outras bebidas alcoólicas. Nesses lugares da embriaguez os princípios e regras de convivência são distintos dos ditados pela burguesia, pelo discurso da Medicina e do Direito. Cria-se aí toda uma gama de disputas e intolerâncias em relação às tabernas e botequins e mesmo ao cheiro e ao gosto da aguardente, assim como a um conjunto de atitudes associadas aos meios populares, como o "beber até cair". Uma parte da cidade agastava-se com os botecos que ficavam abertos à noite (Bruno, 1991, p.359), no contrafluxo das cafeterias vespertinas. Esse aborrecimento é manifesto num artigo-denúncia publicado no jornal *A Província de São Paulo* (12 jan. 1875, p.3):

> Em um sobrado da rua das Casinhas ha todas as vésperas de dias santos e domingos uns bate-pés, ao som desafinado de um trombone e uma clarineta, que incomodam a visinhança, pondo-lhe a arder os ouvidos.
>
> Na noite de sabbado para domingo ultimo, seria uma hora, houve além do baile uma desordem entre os dançarinos, seguida de uma gritaria infernal de mulheres e homens que desceram para a rua, onde uns questionavam e as mulheres choravam.
>
> No entanto a polícia dormia ou fingia dormir.
>
> Ha algumas patrulhas, tão boas e que tão bem fazem o serviço policial, que estão mettidas quase toda a noite em uma taberna da Rua do Commercio, ou então fazem coisas piores que se não póde dizer.
>
> [...]
>
> Seria prudente, nesta quadra, que o fiscal se resolvesse a dar cabo da cansoada que vagueia aos bandos de noite pela cidade, enchendo os monturos de immundicies que, a bem da saude publica, são continuamente atirados para a rua.

Nesses ambientes todos tinham direito de sentar à mesa de estranhos e intervir nas conversações. Era uma atmosfera de extroversão e disponibilidade. Um simples gesto como o brinde trazia à tona toda uma carga de inclusão e demonstração de laços entre bebedores.

Não é por acaso que no decorrer da segunda metade do século XIX houve uma perseguição e investida de extinção das tabernas na cidade, onde a disciplina imposta pelo institucional passa por um projeto de policiamento dos costumes. No *Almanak da Província de São Paulo*, 1857, o mesmo em que Bernardo Martins Meira se inscreve com armazém de molhados e gêneros da terra, há uma listagem de tabernas, com números de estabelecimentos por rua. Grande parte delas está concentrada nos logradouros considerados malvistos do centro: Ruas de Santa Teresa, do Quartel, da Cadeia, da Constituição, do Piques, e uma na Rua do Príncipe, onde J. B. Braga se instalou. Pena que sem o nome do proprietário e a numeração da morada, dado o espaço de vinte anos entre a publicação do almanaque e o registro do inventário, não se pode saber se essa era a taberna de Braga. O fato é que aquele pedaço da cidade era tradicionalmente um lugar de tabernas.

O mais curioso é que nos almanaques dos anos que se seguem as tabernas desaparecem, mas podem até ter mudado de nomenclatura posto que o termo podia ser alvo de preconceitos. Esse ato falho surge inclusive no inventário de Braga, no qual em algumas passagens surge o termo *taberna* e em outras, *casa de molhados*. A fuga desse nome talvez seja mais um sinal de que os ambientes populares buscavam persistir e escapar dos olhares de soslaio.

De todo modo, vale destacar que essa atitude de estereotipar os hábitos dos *borrachos* das camadas populares não é de espreita, isolada. O debate em torno do uso de bebidas alcoólicas que ocorreu no decorrer do século XIX clareia o contato entre o refluxo do mal e da impureza e o projeto civilizador. Mergulhamos num mundo de adoração da racionalidade. O despertar dos sentidos passa a ser atrelado a uma suposta insuficiência de civilização e de falta de domínio das cidades e dos corpos. A estabilidade é apostada na vitória da higiene e da suavidade, da cultura da temperança, dos bons costumes. Houve um refinamento no que diz respeito aos graus de agrado ou impertinência: maus cheiros, miasmas, tudo que soasse fétido, podre e sujo. A conduta do código dos usos seria a da limpeza. É o universo técnico e prepotente apresentando suas soluções ilusórias e efetivas (Vigarello, 1996).

Daí todo o estremecimento em torno do suicídio do vendedor de medronho do outro lado do Atlântico. Essa mania de ordem e higiene sempre volta. Não se pode agir de maneira anacrônica ou a-histórica. Lógico que esse pensamento reemerge apropriado de novas tecnologias e argumentos científicos. Mas pode-se farejar um vestígio perigoso que ficou: a fixação pela separação e pela limpeza. E no entanto, sobra a resistência recôndita dos hábitos e costumes no confronto com as normas. É por isso que muitos alimentam a esperança de que o mundo não se tornará uma lanchonete de *fast food* gigante.

3
SOB SOL, CHUVA E MOSCAS: OS QUIOSQUES

À criança e ao borracho põe-lhes Deus a mão por baixo...

Provérbio paulistano do século XIX

Frege-moscas

Ali se fritava de tudo, principalmente insetos, que se apinhavam em nuvens escuras. Daí o apelido carinhoso de *frege-moscas*. Ali se bebia de tudo, sobretudo aguardente. No fogareiro a gás deitavam-se bifes, lascas de fígado, rodelas de batatas, sardinhas fritas no azeite, bolinhos de bacalhau, café em tigelas, vinho em canecas, aguardente em "martelos" (Schmidt, 2003, p.93-4).

À vista de todos estavam os garrafões de vinho, os ancorotes de cachaça brava,[1] conhaque, capilé, cerveja, o que permitia diversas misturas: cerveja com groselha ou com vinho tinto, cachaça com qualquer coisa que escorresse (Pinto, 2008, p.34-5; Motta, 1947, p.20). Para

---

1 Sobre os ancorotes escreveu Câmara Cascudo (1986, p.29): "Não tenho notícia, em Portugal e Brasil, da vasilha denominada âncora. Existem os barriletes ancorotes e ancoretas, transportando água ou cachaça, esta para o engarrafamento. Os sufixos denunciam a redução na capacidade. As 'âncoras' seriam bem maiores. Ancorotes e ancoretas podem conter até cinquenta litros de aguardente".

desanuviar os pensamentos, cigarros de palha, charutos, fumo-de-
-corda, doces, jornais, jogos de loteria (Bruno, 1991).

Do lado de dentro, um português de bigodes abastados e retorcidos (Milano, 1949, p.29), sem paletó, em mangas de camisa, ficava
no comando. Do lado de fora, escravos forros, vendedores de jornais,
engraxates, carregadores, homens e mulheres vendedores ambulantes,
cocheiros, vagamundos de toda a sorte, filósofos diletantes, quase todos
descalços com roupas puídas e chapéus amassados e gastos, encostavam
os cotovelos nos balcões para jogar conversa fora, entornar copos oitava-
dos de caninha, no perfume de fumo e pimenta (Schmidt, 2003, p.93-4).

Um desses fregueses, apontados pelo memorialista Miguel Milano,
era Mestre Chico, bastante representativo do público que se apinhava
em torno desses comércios. Mestre Chico era sapateiro, frequentador
de vendas e quiosques e, apesar de suas parcas rendas, era bastante
conhecido pela magnanimidade com que pagava cachaça e mata-bichos
a quem quisesse e pelas bravatas, histórias originalíssimas e absurdas,
inventadas e narradas em tom macarrônico. Morava na parte mais alta
de um porão de um prédio da ladeira Tabatinguera, esquina com Boa
Morte, onde também instalara sua Sapataria Individiata (sapataria inve-
jada), em que se misturavam uma cama de vento, uma prateleira muito
rústica que acomodava algumas formas de sapatos, dois bancos longos,
uma banqueta e uma cadeirinha do tempo do onça. Esse era o mundo do
Mestre Chico: muito trabalho de terça a domingo, muita bebedeira às
segundas-feiras nos quiosques do centro da cidade (Milano, 1949, p.96).

Chama a atenção nas fotos de Vincenzo Pastore,[2] que documentou a
população pobre urbana cujo perfil era o da freguesia do comércio popular dos quiosques, a forte presença de negros, que sofreram a força cen-
trípeta de fatores adversos a sua assimilação na ordem social paulistana.

A expansão urbana de São Paulo não seguiu o caminho de outras
cidades brasileiras, que floresceram com o progresso da civilização
agrária – do que sobraram para o negro liberto oportunidades de trabalho extremamente modestas e pouco compensatórias. Ao passo que
em outras cidades brasileiras o artesanato urbano forneceu adequações

---

2 Sobre as fotos de Vincenzo Pastore ver: Instituto Moreira Salles, 1997.

ao forro, no caso de São Paulo, quando da fixação residencial de famílias de fazendeiros, advento que pontuou a diferenciação do sistema econômico da cidade, o liberto teve de enfrentar a competição com o imigrante europeu, que sorveu as melhores oportunidades de trabalho. Sobraram ao negro, na periferia do processo, proveitos fortuitos e acessórios.

Ademais, essa cidade é considerada por Florestan Fernandes o primeiro centro urbano especificamente burguês, forrado por uma concepção de mundo tradicionalista e patrimonialista, monopolizada por um pequeno número de famílias ditas influentes. Esse ponto também dificultou a agregação do negro recém-egresso da escravidão (Fernandes, 1964, p.6-7). Deste panorama decorre a exclusão desses personagens, enquanto categoria na ordem econômica e social emergente.

Paralelamente, a situação não era dócil para o homem livre pobre, também bastante desvalorizado diante da concorrência com as levas de imigrantes que absorviam grande parte das ofertas de trabalho.

Essa conjuntura contribuiu para que as tabernas, botequins e quiosques absorvessem a demanda desses novos fregueses, já que um sem número de forros e homens pobres livres foi arremessado a um mercado quase vazio de opções, inclusive de lazer. Esses espaços da boemia popular constituíam os poucos territórios consentidos a essa população pouco abastada (Menezes, 2003, p.94), cujas condutas não eram incorporadas no espaço urbano.

Como cogumelos

Eram feitos de madeira e de formato cilíndrico, com um estreito balcão de zinco que dava para todos os lados, na altura do peito dos fregueses (Schmidt, 2003, p.93-4). Só podiam ser abertos em lugares autorizados, por particulares que preenchessem certos quesitos e deveriam ser construídos segundo um modelo de planta proposta pela câmara municipal. Esse projeto possuía a arquitetura de uma barraca oitavada. Era quase um guarda-chuva aberto protegido por uma paliçada de tábuas (Sant'Anna, 1939, v.III, p.42). Comia-se e bebia-se sob sol e chuva, deixando espalhar, incontroláveis, as moscas, vozes pastosas e alteradas, a fumaça das iguarias, o cheiro de cachaça por até duas braças de rua, pondo água na boca e inveja na gente distinta que passava a quatro metros de distância (Schmidt, 2003, p.94).

A primeira menção localizada nas Atas da Câmara sobre o assunto data de 1872, de parte de Veríssimo e Irmão, pedindo para instalar nos Largos da Memória, Misericórdia, da Cadeia e Estação da Luz um café portátil, à semelhança dos que se achavam na Corte.[3]

Depois desse primeiro sinal, vários outros negociantes pedem concessão para obter o privilégio de monopolizar o empreendimento por toda a cidade, para acomodá-los, iguais em dimensões e ornatos aos existentes no Rio de Janeiro: Augusto Duprat, Avelino de Souza Figueiredo, João Antonio Baptista Rodrigues, Antonio José Pinto, Andréa Franchi e Canterini, Egedardo Bailly de Pressy, Ângelo e Domenico Puglia.[4]

Em junho de 1881 a Comissão de Obras manda que o Engenheiro Municipal levante uma planta para instalação desse "melhoramento".[5] Dada a chuva de pedidos e a atenção voltada pela Câmara, lógico que se tratava de um bom investimento para os exploradores, uma nova modalidade de arrecadação e ao mesmo tempo uma preocupação com o aformoseamento urbano, por parte da municipalidade. Para se ter uma ideia, de sua visita à cidade de São Paulo, nos finais do século XIX, Koseritz (1972, p.245) elenca os quiosques, entre as grandes lojas, vitrines e anúncios coloridos, como sinais de charme e modernidade:

> Virando-se da rua São Bento para a rua Direita admira-se a grande animação, as vitrines etc. É uma rua bonita e larga, que lembra muito o Rio; quiosques com bandeirolas, anúncios coloridos em todas as paredes, grandes lojas etc. dão a esta rua um aspecto de grande cidade que não se nota nas outras.

---

3 Atas da Câmara, vol. LVIII, 28 de junho de 1872, p.100; 5 de agosto de 1872, p.113.

4 Atas da Câmara, vol. 64, 11 de abril de 1872, p.45; 27 de junho de 1872, p.72; vol. 65, 20 de março de 1879, p.29; vol. 66, 16 de janeiro de 1880, p.15 e 10 de abril de 1880, p.48; vol. 67, 30 de maio de 1881, p.95; vol. 66, 21 de março de 1881.

5 Atas da Câmara, vol. 67, 6 de junho de 1881, p.100.

Depois de tantas solicitações, foi outro cidadão, Porfírio Alvarez da Cruz, que obteve uma concessão para estabelecimento nos Largos da Sé, do Rosário, do Carmo, Sete de Setembro, Estação do Norte, Estação da Luz, Mercado, Riachuelo, Municipal, do Jardim, Matadouro e Estação Sorocabana, conforme planta apresentada pelo Engenheiro da Câmara.[6] Alvarez da Cruz, pessoa muito bem relacionada e influente na *urbe* de então, conseguiu, de uma vez só, alojar seus quiosques nos principais largos da cidade, que logo depois foram sublocados a pequenos comerciantes (Sant'Anna, 1939, v.III, p.41).

Por conta da negligência desse primeiro concessionário, novos pretendentes apelaram para a edilidade, solicitando licença para o estabelecimento de outros e inclusive em pontos já requeridos pelo próprio Porfírio Cruz, que provavelmente não os aproveitara convenientemente. Com o tempo, Cruz saiu de cena e outros exploradores desse comércio apresentaram-se nos pequenos quiosques, que se alastravam por toda a cidade como cogumelos (ibidem, p.42).

A hora do piquenique e da vitrine

O certo é que depois dessa concessão as solicitações isoladas de pequenos comerciantes irrompem. E os quiosques também, sempre deferidos em conformidade com planta preparada pelo engenheiro municipal.

Infelizmente esse projeto não foi localizado nos arquivos, mas com base em todas as descrições de época, o modelo desenhado pelo engenheiro é similar aos registros fotográficos de quiosques instalados no Rio de Janeiro, capital do Império, centro cultural, porto de entrada e saída, cartão de visita do país, exportador de modas para outras cidades e importador de novidades das metrópoles de além-Atlântico (Sevcenko, 1998, p.522).

Nos idos dos anos de 1890 os quiosques continuavam em atividade. Embora sublocados e repassados, nessa época surge um concessionário que novamente monopoliza as licenças: o Barão de Ibirocay, apelidado

---

6 Atas da Câmara, v.68, 20 de março de 1882, p.54 e 15 de maio de 1882, p.133

pela imprensa de Barão de E-birou-quiosque (Schmidt, 2003, p.93), proprietário da Empresa Industrial de Quiosques, que também centralizava esses estabelecimentos na cidade do Rio de Janeiro.[7] Essa alcunha presenteada ao Barão não foi nada inocente, nem à toa. Nessa altura as elites já encastoavam com os quiosques espalhados pela cidade e havia uma campanha para sua pulverização. Gente que implicava com os barulhos e cheiros daqueles grupos de indivíduos de "baixa condição", como diz Nuto Sant'Anna (1939, p.55):

> Nos quiosques, uma espécie de botequim, se grupava gente de baixa condição, paus-d'água, vadios, mulheres exalando um cheiro pronunciado de cachaça, bodum e iodofórmio. Esse poviléu barato ia bebendo e ia discutindo. Seres desbocados, chegava a hora dos palavrões. E havia sarilhos. Grupos às correrias ou vociferando. E, diante disso, os moradores das circumvizinhanças protestavam. Pediam a transferência deles. E assim foi crescendo a sua impopularidade.

Nesse período o que pipoca nos documentos dos arquivos são os pedidos de moradores inconformados com essas presenças pouco queridas. Apropriados pela população pobre e alojados nos centros urbanos, os quiosques foram desmantelados no Rio de Janeiro, durante a gestão de Pereira Passos (1902-1906), cujas reformas urbanas, balizadas nos projetos haussmannianos de Paris, expulsaram os pobres para os morros e afrancesaram a cidade, como discorre Nicolau Sevcenko (1998, p.545):

> O símbolo máximo da Regeneração, porém, ficou sendo o eixo fundamental do projeto de reurbanização, a avenida Central. Inspirada no planejamento dos bulevares parisienses conforme o projeto dos amplos corredo-

---

7 No caso de São Paulo, a Companhia Industrial de Quiosques foi localizada em vários documentos, como o *Completo Almanak Administrativo, Commercial e Profissional do Estado de São Paulo para 1895 (contendo todos os municípios e distritos de paz), nono anno, reorganizado segundo os decretos por Canuto Thorman, São Paulo, Editora Companhia Industrial de São Paulo, 1895*, p.243-244; Livro 756 – Alvará – licença – indústria e profissão – 1896 a 1898, Seção de Manuscritos do Arquivo Municipal Washington Luís, Papéis Avulsos.

res comerciais do barão de Haussmann, prefeito plenipotenciário de Paris sob o Império de Napoleão III, a Avenida introduzira na capital a atmosfera cosmopolita ansiada pela nova sociedade republicana. Não só os produtos à venda nas vitrines de cristal eram via de regra franceses, assim também eram as roupas e os modos dos consumidores, tanto quanto os bandos de pardais encomendados pelo prefeito Pereira Passos, por serem típicos de Paris. O caráter suntuoso da Avenida era acentuado pelas fachadas em arquitetura eclética, oferecendo um cenário para o desfile ostensivo da nova sociedade e instigando a animação do consumo conspícuo. Como observou atento Lima Barreto "de uma hora para outra, a antiga cidade desapareceu e outra surgiu como se fosse obtida por uma mutação de teatro. Havia mesmo na coisa muito de cenografia". Um novo cenário, uma nova peça e uma nova ética.

Essa vontade de mudança de cenário também é nítida durante a gestão de Antonio Prado (1898-1910) na prefeitura do município de São Paulo. Membro de influente família da elite paulistana, muito interessado em converter a cidade em ambiente "civilizado" e europeizado, esse prefeito tomou uma série de medidas visando reverter a imagem da *urbe* num pulo, de ares provincianos à de metrópole próspera, com passos acertados com a capital federal e com as metrópoles europeias. Esse sonho de metamorfose de vitrines e cartões postais foi congelado pelo fotógrafo Guilherme Gaensly.[8] Foi, por exemplo, sob a administração de Prado que o Jardim da Luz foi remodelado, de acordo com as prescrições do paisagismo inglês, para enriquecer o *footing* da elite, trajada de chapéu, colarinho e gravata, regada a chope oferecido no restaurante da Bavária (Schapochnik, 1998, p.450-1).

A área central de São Paulo, pesada como não civilizada, também foi reformulada, passando por demolições excludentes e a construção de edifícios oficiais monumentais. Ruas foram alargadas, garantindo circulação dos fluxos e visibilidade dos novos edifícios. Residências populares, caracterizadas por uma arquitetura à portuguesa, com paredes caiadas, beirais e telhas coloniais, sobreviventes até a década de 1910, foram expulsas. O prefeito que se seguiu, o Barão de Duprat,

---

8 Sobre as fotos de Guilherme Gaensly ver: Departamento de Patrimônio Histórico da Eletropaulo, 1990.

continuou no mesmo caminho, com instalação de novas áreas de lazer na região central, como o Parque Anhangabaú e o D. Pedro II, o saneamento das várzeas e, mais uma vez, exclusão de outros casebres do entorno imediato, que por acaso tivessem sobrevivido ao "bota-abaixo" anterior (Marins, 1998, p.179-80).

O esforço de racionalização e ordenação converge para a imagem pretendida para a capital do café. A eliminação dos botecos do centro e de um casario colonial à portuguesa é um aviso de que chegou a hora da sociedade da vitrine, do piquenique, das confeitarias e cafés luxuosos. Nesse novo cenário, botequins, tabernas, quiosques, barris de bebidas e toda sorte de gêneros pendurados nas portas não eram bem-vindos. Também não estavam nesse *script* paus-d'água bebendo a céu aberto, andando pelas ruas vociferando palavrões e sarilhos.

Ventos haussmannianos

Para além da história das cidades brasileiras, entretanto, para entender a saga dos quiosques é preciso localizá-la nas grandes inquietações urbanas que surgem nesse período. Esse equipamento urbano, característico da segunda metade do século XIX, transmite as preocupações com o embelezamento das cidades, em face de um momento em que cabia dar ao espaço público um plano e um sentido – impulso evidentemente dado na Paris de Haussmann e espalhado pelas capitais europeias e depois para as periferias do mundo.

A palavra *quiosque* vem do persa *Kouchk* e do turco *Kioshk,* cujo significado é pavilhão de jardim (Ferreira, 1986, p.1438). Sucedâneo do café, da taberna, é uma loja miniatura acessível aos bolsos mais parcos.

Apropriados pelos comerciantes portugueses aqui no Brasil, não eram uma novidade em Portugal. O primeiro instalado em Lisboa, no Rossio, data de 1869. Seu nome oficial era Elegante, mas os seus frequentadores populares o apelidaram de Boia. Não deixa de ser uma boa designação: boia, baliza, âncora, ponto de referência, de encontro e salvamento, de mudança de roteiro e de turno, para descansar, retomar o fôlego e tomar uns copinhos (Bony, 2004, p.11).

Na cidade de Lisboa, a iniciativa surge a partir da ideia de Thomaz José Fletcher de Mello Homem, um artista boêmio, que trouxe o conceito de uma estadia em Paris e fez de tudo para levar às autoridades sua proposta de aformoseamento. Consta das Actas das Deliberações da Assembléia Municipal de Lisboa o pedido de Joaquim José Rodrigues da Câmara, que encampou o projeto:

Senhores – Proponho que se officie ao governo de Sua Majestade, dizendo que a camara approva a collocação dos "kioskos" propostas pelo Sr. Dom Thomaz de Mello, como uma coisa útil, e, até certo ponto, como um meio de embellesamento; mas que, dependendo de approvação superior a referida collocação, se pede a autorização necessária.

Lisboa, 4 de Novembro de 1867

Joaquim José Rodrigues da Camara. (ibidem, p.16)

Os quiosques fazem parte, portanto, de todo um conjunto de interesses e modismos despertados pela influência da Paris haussmanniana. Napoleão III, impressionado com avanços tecnológicos de Londres, por conta de suas visitas a essa cidade entre 1846 e 1848, encomendou ao prefeito de Paris, barão Georges-Eugène Haussmann, a elaboração de um projeto de remodelação dessa *urbe* com o intuito de torná-la um exemplo do que havia de mais moderno, asséptico, arejado e fluído no que tange à circulação.

Cercado de uma equipe multidisciplinar, Haussmann realiza uma série de ações no espaço urbano, com ancoragem em legislação. O problema do plano regulador para uma cidade moderna foi colocado, pela primeira vez, em escala apropriada à nova ordem econômica.

Entre as obras executadas por Haussmann, em 17 anos de poder, destacam-se as obras viárias (urbanização dos terrenos periféricos, traçado de novas retículas viárias, abertura de novas artérias nos velhos bairros, reconstrução de edifícios ao longo do alinhamento), as construções de edifícios públicos, a criação de parques públicos e a renovação das instalações da velha Paris, como as hidráulicas (Benevolo, 2005).

O arquiteto Gabriel Davioud, aluno brilhante da Escola de Belas Artes, foi o responsável pela concepção de todo o projeto de mobiliário urbano. Talvez tenha sido a primeira vez que foi dada atenção a esse conjunto de objetos leves, mas não móveis, voltados para serviços e confortos – quiosques, bancos, cestos de lixo, luminárias, mictórios, grades, candeeiros – que, para além dos usos, foram percebidos enquanto contribuição para o espaço e a harmonização da estética urbana.

Ao notar o esgotamento da rigidez neoclássica, Davioud cria nesse projeto um estilo autoral, bastante marcado pelas formas vegetais, pela variedade de emprego de suportes, cores e texturas, desvelando o *Art Nouveau* que se tornaria febre, a começar pelas saídas de metrô feitas por Guimard das quais nos enamoramos até hoje (Bony, 2004, p.19).

O projeto do mobiliário urbano parisiense, enfim, concedeu à cidade uma homogeneidade e talvez até uma organização racional que seria muito valorizada no século XIX. A saber, foi um modelo a ser espalhado e comprado por todo o mundo. Na segunda metade desse século muitas das capitais europeias – Londres, Berlim, Madri, Lisboa, Bruxelas, Roma, Viena – sofreram intervenções urbanas correlatas, que envolveram demolições de muitos bairros do medievo, abertura de grandes vias e novos bairros. A palavra era pôr ordem no espaço a fim de prepará-lo para uma futura expansão urbana.

Em Lisboa, além dos quiosques, uma das marcas haussmannianas mais emblemáticas é o projeto das Avenidas Novas, de Frederico Ressano Garcia (engenheiro da Escola Politécnica de Lisboa e aluno da École des Ponts et Chaussés de Paris), e sobretudo a abertura da larga Avenida da Liberdade, que liga o Rossio ao Campo Grande. É também Garcia que em 1895, estabelece um plano para os quiosques. A partir de então, as autorizações só seriam concedidas aos licenciados que obedecessem às normas de localização, dimensão e planta, conforme dois padrões aprovados pela Repartição Técnica. São criados e resolvidos então modelos de quiosques, mictórios, iluminação a gás, todos fortemente influenciados pelos desenhos franceses de Davioud (ibidem, p.24). Esse tipo de mobiliário não ficou circunscrito na capital portuguesa e há registros de quiosques instalados na cidade do Porto nesse período (Pacheco, 1988, p.125-67).

De uma maneira geral, o quiosque possui uma cúpula que pode exibir uma flecha ou decoração de ferro forjado. A cobertura pode ser cônica, piramidal ou circular, e os materiais diversificam-se entre madeira, ferro ou zinco. Ainda que variem na forma, suportes e penduricalhos, eles seguem certo norte no que diz respeito ao *design* arquitetural. É demarcada a estrutura tripartida composta por uma base, um corpo e uma cobertura. As bases são predominantemente hexagonais ou octogonais, sendo que em São Paulo, a planta aceita foi nesse último formato. Mas existe uma intersecção fixa em todos os quiosques vendedores de bebidas, de Paris a Lisboa, Dresden ou Rio de Janeiro e São Paulo ou qualquer outro lugar em que eles tenham pousado: um balcão estreito, fixado numa das faces ou em toda a sua volta. Apesar da exposição às intempéries, os balcões dos quiosques não deixam de ter certa relação de continuidade com tabernas e botequins: a de beber com a barriga ali encostada. A diferença fica por conta da falta de proteção das paredes, portas e janelas e de uma maior exibição à vigilância e às intolerâncias.

Desse período de instalação dos quiosques haussmannianos do século XIX em Lisboa sobreviveram alguns, como o Tivoli. Essa cidade ainda hoje é repleta de quiosques, mas o que se vê atualmente é uma mescla de gerações posteriores de projetos que utilizam novos materiais (aço, inox, vidro). Não obstante, há muitos modelos antigos, incluindo os de bebidas, que continuam lá, protegidos pelos donos (Bony, 2004, p.31-2).

Très chic na bancarrota

Enfim, quando os quiosques apareceram como proposta de embelezamento e exploração de renda na cidade de São Paulo não representavam novidade para os portugueses que, de pronto, tomaram conta desse comércio. O projeto de mobiliário urbano *très très chic*, na sua interpretação local, apropriada pelos comerciantes patrícios e pelo populacho, foi à bancarrota nos seus primeiros objetivos de requinte, posto que, como visto anteriormente, em São Paulo, esse comércio absorveu uma população pobre e apartada no espaço urbano. A frequência de negros e trabalhadores livres pobres, sem inserção social e econômica, verteu esses espaços em "trincheiras" de resistência aos padrões de uma cidade europeizada que as elites almejavam impor (Menezes, 2003, p.93).

A história urbana até o início do XX sempre se referenciou a partir de padrões estrangeiros, primeiro portugueses e a partir do final do século XIX sobretudo franceses, por conta do impacto das reformas haussmannianas. Evidentemente isso não quer dizer que as histórias locais não tenham dinâmica interna; muito pelo contrário, falo aqui de contaminações e de apropriações de alguns gostos, conceitos e projetos, de acordo com o que acontecia na história da cidade de São Paulo, com suas tradições e mentalidades particulares (Barbuy, 2006, p.20).

Mas é certo que com a perseguição e investida de extinção das tabernas na cidade, tratada nos capítulos anteriores, o poder público passa a intervir de forma veemente nas iniciativas de instalação de quiosques. Beber só de pé, e se o consumo já tivesse se efetuado, a ordem era circular. Trata-se de uma procura de dissolução dos espaços informais dentro do núcleo urbano da cidade. Mas é claro que estas experiências de estancamento não são totalmente bem-sucedidas e as resistências dão-se de maneira recôndita. As tabernas desaparecem ou mudam de nome, as lojas de secos e molhados, botequins, padarias e casas de pasto persistem, e os quiosques são apropriados pela população mais modesta, tornando-se pontos de encontro peculiares.

Outrossim, não se pode afirmar que os anseios da elite cafeeira transmutaram o espaço urbano, mas, sim, que atuaram dentro de um campo de forças – nem se pode acreditar cegamente na assepsia dos bulevares e vitrines das fotos de Gaensly. É preciso considerá-las um lado aparente que se pretendia mostrar (Oliveira, 2005, p.385).

Entretanto, o que importa aqui ressaltar é a perspectiva de descortinar o universo do consumo das bebidas alcoólicas como um processo criativo de reapropriação. A criança toma essa atitude o tempo todo e de maneira mais livre porque ainda não teve seu fluxo de consciência totalmente domesticado e coagido. Ela faz dos óculos um avião e vira um piloto. Reapropriação é isso: é a descoberta de que os óculos podem virar um avião, de que uma iniciativa pública de higienização dos hábitos populares, como a instalação dos quiosques, pode ser deslocada como um propulsor de laços de sociabilidade. E essa é a grande resistência do mundo do consumo dos objetos: a desobediência e a subversão do seu uso.

A história dos quiosques de São Paulo, seus martelos de cachaça, garrafões de vinho, é um bom exemplo da riqueza de explorar a marginalidade, os contornos, posto que muitas vezes é a partir daí que as coisas dizem e se espalham.

Acontece dessas margens, dos gostos populares, serem refugados pelas fontes memorialistas de cunho elitista. As fotos-vitrines de Guilherme Gaensly não captam essas bordas, mas Vincenzo Pastore as dá de presente a nós. Cabe ressaltar também a leitura de cronistas como Afonso Schmidt, de caráter raro, sem dúvida, sobretudo na sua simpatia pelo saborear da gente do povo, sem julgamentos e recusas, dada sua vocação libertária, articulando temas da vida anônima da antiga cidade e trazendo à tona o que interessa: a inveja que os transeuntes engravatados sentiam do cheiro de pinga com sardinha que exalava dos quiosques, as disputas aparentemente tolas pelo espaço público, o ciúme, a ganância, o desdém, o conflito daí representado, novas vontades, as sensibilidades, as blasfêmias atiradas de lado a lado, as cusparadas e repúdios, os mal-estares expressam muito mais sobre os processos de metropolização, a passagem do Império para a República, a inserção de forros e pobres na experiência urbana, do que as trocas de poder, fardas e tronos.

4
Au Paradis Retrouvé:
O GRANDE FEITO DOS CABARÉS
E DO CHAMPANHE

Uns tomam éter, outros cocaína.
Eu já tomei tristeza, hoje tomo alegria. Te-
nho todos os motivos menos um de ser triste.
Mas o cálculo das probabilidades é uma
pilhéria...

Manuel Bandeira

O lambe-feras, a ex-noviça, o toureiro e a cigana

Um dos principais testemunhos dos cabarés e do consumo do champanhe em São Paulo nas primeiras décadas do século XX é a crônica memorialista escrita por Hilário Tácito, codinome de José Maria de Toledo Malta, intitulada *Madame Pommery*. Trata-se de uma "memória philosophica" da vida, grandes feitos e gestos notáveis de um personagem. Entretanto, em sua crítica ácida e bem-humorada, o escritor parodia a história do centro de São Paulo do período, a sociedade dos coronéis, os políticos da civilização do café, o consumo e a falsificação de bebidas embriagantes.

A protagonista do livro é Mme. Pommery, cujo verdadeiro nome é Ida Sanchez Pomerikowsky,[1] filha de Ivan Pomerikowsky, um polaco

---

1 Sobre o assunto, ver Carone (1991, p.123-5) e Janovitch (1994).

israelita, lambe-feras de um circo de ciganos, e de Consuelo Sanchez, ex-noviça de um convento cordobês. Quando contava três anos de idade, sua (ex-noviça e luxuriosa) mãe fugiu com um toureiro de Barcelona, abandonando o lambe-feras e a filha ao léu.

Depois, já moça, Ida fugiu do pai – que negociara sua virginde a um idoso endinheirado e mulherengo – em posse de um dote arranjado com esse comprador espúrio. Em sua fuga, e já assentada como comerciante de carícias, conhece, num antro marselhês, um marujo normando, Mr. Defer, que, em troca de espécie de favores sexuais, paga-lhe uma passagem no cargueiro Bonne Chance, que zarpou para a América do Sul. Destino final Buenos Aires, conexão em Santos. Quando parou nessa última cidade, o Bonne Chance descarregou "quinze pipas de vinho Bordeaux, sardinhas, bacalhau, dois mil volumes de Zola, sebo, quarenta caixas de champanha – e Mme. Pommery" (Tácito, 1977, p.44).

Ao aportar em Santos, Mme. Pommery encontra num hotel da cidade a cigana Zoraida, sua ex-babá, preceptora e comparsa no roubo que Ida aplicara ao pai, referente ao dote prometido pelo idoso deflorador. Zoraida estava então casada com um coronel, Fedencio Pacheco Izidro, a quem conhecera numa viagem à Europa. Izidro recolhera-a, fizera dela sua amante, depois esposa, e comprara-lhe um bom nome sem riscos. Pommery resolve então ficar em São Paulo, onde vislumbra futuros. Traça seus planos financeiros, cujo consumidor seria o coronel (ibidem, p.47 e 50), tal como Fedencio.

Uma mulher de visão: sonhou com champanhe, acordou vomitando cerveja Antarctica

É então que Pomerikowsky, já empregada numa casa de comércio feminino na capital paulista, desencadeia um percurso onírico do que seria o começo da revolução do champanhe. Numa noite no Hotel dos Estrangeiros, a animação estava maior que de costume. Madame Pommery é abandonada e rechaçada pelos clientes, dada sua adiantada idade e decadência no ofício. Solitária e desacorçoada de seu destino, retirou-se e foi dormir. Sonhou que bebia champanhe e acordou vomitando cerveja Antarctica. Resolveu então fazer uma das mais importantes revoluções a que a cidade de São Paulo já assistiu: a do champanhe (ibidem, p.24-5).

A história dessa senhora de silhueta roliça e divertida, uma caricatura viva, é uma anedota sobre os bordéis com nomes afrancesados, instalados na cidade de São Paulo, que procuravam recriar a atmosfera requintada dos ambientes parisienses.

A São Paulo das primeiras décadas do século XX não era a mesma das tabernas de José Barbosa Braga e Bernardo Martins Meira, e os quiosques a essa altura estavam com os dias contados. Surgem aqui no Brasil reflexos da expansão da economia, desencadeada pela Segunda Revolução Industrial ou Revolução Científico-Tecnológica – ocorrida nos anos de 1870 na Europa –, resultado da aplicação de descobertas científicas, como o desenvolvimento de novos potenciais energéticos (eletricidade e derivados de petróleo), o desenvolvimento da microbiologia, da bacteriologia e da bioquímica, que causariam efeito direto na fabricação e controle de alimentos e de bebidas, da medicina, higiene, controle das pestes, do espaço urbano. Afloram novos objetos e substâncias, como a iluminação elétrica, a seringa, a anestesia, a coca-cola, as cervejas engarrafadas (Sevcenko, 1998, p.9).

Já estavam em curso as reformas urbanas, ocorridas a partir de 1911, com a derrubada de boa parte da região central. Essas transformações traziam uma nova proposta de exibir a cidade e seus objetos. Era o tempo das exposições, das grandes avenidas traçadas pelo prefeito Haussmann em Paris, das exibições de produtos industriais, da abertura de espaços amplos, iluminados, arejados, como coloca Heloisa Barbuy (2006, p.28 e 71):

> Não se queria mais deixar lugar às vielas, casas toscas, ambientes escuros e esfumaçados. O comércio em armazéns onde apenas se estocavam as mercadorias, sem estratégias especiais para exibi-las, ia ganhando conotações de prática antiquada. As exposições universais, com seus mecanismos de sedução, serviram de "vitrine" de exibição para a própria Paris haussmanniana.

Para os afetados pela atmosfera dessa nova maneira de exibição, de ver e de ser visto, tornava-se urgente fundar em São Paulo aqueles estabelecimentos à maneira dos de Montmartre, voltados à gente que se atribuía o título de *jeunesse dorée* e fazia questão de passar as noites em boa companhia, a saber, das bojudas garrafas de ouro fluido, provenientes dos vinhedos de Reims (Schmidt, 2003, p.24). E na sociedade das vitrines e exposições, Mme. Pommery sabia bem focar esse novo contexto. Era uma mulher de visão. Sabia como mostrar, o que oferecer e para quem vender: o champanhe e a assistência profissional feminina para o coronel.

O mamífero de luxo e a fêmea chique

O coronel era o que Sylvio Floreal (2002, p.39) chamava de *mamífero de luxo*, endinheirado com o sucesso das exportações do café brasileiro, e cujo principal objetivo, quando caçava por entre as vitrines da cidade de São Paulo, era a *fêmea chique*. Era atrás dela que o coronel frequentava os cabarés *à la Paris*, bebendo champanhe francês fabricado numa travessa qualquer perdida do Brás.

Mme. Pommery foi uma grande pioneira, posto que percebeu com arguta sensibilidade a demanda de champanhe e coquetes, necessários ao coronel para que ilusoriamente se embotasse de ares mais sofisticados. A capacidade financeira do coronel e o novo contexto da cidade de São Paulo eram a grande chave para o negócio de Pommery, como diz Tácito (1977, p.58-9):

> Se nada de apreciável se havia até então conseguido – afirmava Mme. Pommery – a causa única era a ignorância das suas antecessoras, incapazes todas de avaliar com segurança então a este elemento primordial: a capacidade financeira do Coronel. E este outro: a oportunidade. Ela, porém, que meditara a fundo, podia discorrer sobre uma questão e outra como um Secretário da Fazenda.
>
> A "capacidade financeira do Coronel" era a pedra angular, o eixo e a alma de todo o seu sistema. Era preciso medi-la exatamente, para depois explorá-la integralmente; e conter a liberdade e livre arbítrio dos coronéis

nos limites de uma disciplina sábia e intransigente, de modo que todos os seus gastos, taxas e contribuições se regulassem por uma tabela de antemão prefixada, para produzir o máximo do seu aproveitamento, como produtores de capitais.

O desprendimento e abnegação dos coronéis era um ponto mais que demonstrado. Bastava atraí-los a um ambiente adequado, onde estivessem bem combinadas as tentações da carne e da embriaguez com as pompas de um luxo espetaculoso, para os ver despojarem-se de tudo, até da própria camisa ... De modo que, sabendo-os levar – como ela saberia – com aquele seu tino de adestradora de ursos, não havia medo de malogros. E tão bem dourada lhes faria a pílula que lha haviam de engolir sorrindo e quem sabe se pagar em dobro.

O uso do champanha a trinta mil-réis a garrafa devia tornar-se compulsório. E a assistência profissional a ninguém seria prestada a menos de cem mil-réis. Os coronéis, em breves prazos, estariam ensinados e convictos que pagar mais barato é ignóbil, e não beber champanha uma torpeza. Então, beberiam champanhadas e pagariam satisfeitos; pois esta casta de tipos não cede por nenhum prego a reputação de finos e dadivosos perante o mulherio.

A cidade estava se transformando à vista de todo mundo; crescia, embelezava-se. O Teatro Municipal em breve se inaugurava. O café, tanto tempo sucumbido, sentia os primeiros estímulos da valorização. De todos os pontos acorriam à Capital fazendeiros aos magotes, todos dinheirosos e ávidos, todos, por quebrar a longa abstinência dos maus dias passados, numa vida renascente de prazer e de fartura.

Hábitos novos e novas instituições tinham, pois, que surgir forçosamente em todos os órgãos da sociedade. – Como admitir, então, que só a vida airada do alto bordo se amodorrasse, obsoleta? – Era absurdo.

E diante desse diagnóstico de demanda sociológica e econômica reprimida, a empreendedora dama passa a levar a cabo sua missão. Com seis contos de réis que consegue emprestado de um coronel, Pinto Gouveia, Mme Pommery instala-se, com colaboradoras de confiança, em estabelecimento localizado num sobradão na Praça Paesandeu canto com Rua Dom João. Na placa colocada ao lado da porta principal lia-se: *Au Paradis Retrouvé*, revelando os dotes poéticos da anfitriã (ibidem, p.61).

Moças e garrafas nas vitrines

Tácito também dá conta de desvendar como funcionavam o comércio e os negócios: o teatro era o lugar em que se desfilavam as mercadorias e negociavam-se as noitadas. Prostitutas de luxo também frequentavam as confeitarias depois que o comércio fechava, a fim de angariar os coronéis do café. Em seus estudos sobre a boemia e a prostituição em São Paulo desse período, Margareth Rago (1991, p.33-5) traça o percurso das profissionais do prazer:

> Entre seus pontos favoritos, frequentavam a Confeitaria Castelões, no largo do Rosário (atual praça Antonio Prado), afastando as respeitáveis famílias que ali tomavam sorvetes e saboreavam deliciosos docinhos.
>
> Mas já era o entardecer: as lojas que ficavam ao lado, como a Chapelaria Alberto, fechavam suas portas. Quem sorria eram os "coronéis" recém chegados do interior, deslumbrados com o visual moderno que coloria seus olhos e com as promissoras perspectivas de concretizarem sonhos acalantados, ao lado das companhias femininas "alegres"'.
>
> [...]
>
> Da Confeitaria Castelões, seguiam para os cafés-concerto, onde se reunia a boêmia elegante da cidade, enquanto os rapazes menos afortunados procuravam diversões no café Guarani ou no Progredior, no Politeama, o mais badalado antes do aparecimento do Bar do Municipal, no Moulin Rouge, no largo do Paiçandu, ou no Cassino dos Médicos, na rua 24 de Maio.

Depois das voltas necessárias em torno das luzes da cidade, o caminho natural das coisas era esperar a clientela nos cabarés de luxo, mistura de bar, bordel e restaurante. Havia o Auberge de Marianne, na Rua Sete de Abril, onde anteriormente funcionava o Chez Nous. Havia o Palais Elegant, dirigido por Nina, uma cafetina italiana; a Maison Rostia Grega, a Maison Meublée, situada na Rua Formosa, n.10b; Pensão Paysandú, antiga Maison Moderne, localizada na Conselheiro Crispiniano. Os clientes eram induzidos a consumir bebidas alcoólicas e a jogar a sorte na roleta (Pinto, 1994, p.212-3).

Como já foi dito, os *rendez-vous* que cresciam na São Paulo dos anos 1910 e 1920 eram construídos à imagem dos parisienses como o

Chat Noir e o Moulin Rouge, afamados cabarés localizados no bairro de Montmartre. Ali, dançava-se, tomava-se muito champanhe, misturavam-se meninas, música, gigolôs, homens bolinadores (Rago, 1991, p.100). Originariamente na França, no contraponto de outros estabelecimentos de vendas de bebidas, muitas das vezes redutos masculinos, os cabarés eram dirigidos e frequentados por mulheres. Elas vinham beber, procurar seus maridos e às vezes comercializar (não era rara a existência de quartos).[2] Em São Paulo a influência francesa nesses espaços boêmios parece ser intensa, assim como a incorporação de costumes como o uso de cocaína, do haxixe, do absinto. Eles florescem no centro comercial paulistano como manifestação de outras formas de expressão do prazer e da embriaguez, no retrato daquilo a que se assistia em alguns países europeus. O Paradis Retrouvé de Mme. Pommery, localizado no Largo Paesandeu, tinha muito de Moulin Rouge, que ficava no Largo do Paiçandu, citado pelo Guarda Fiscal Arthur Macuco, da Seção de Polícia e Higiene do Município, cujo assunto era considerado *intransmissível*, dada a imoralidade de cançonetas que escapavam do estabelecimento:

> Cumpre-se levar ao vosso conhecimento, que hontem no espetáculo no theatro "Moulin Rouge", foi cantada uma cançoneta inmoral que havia sido prohibida pela prefeitura, incorrendo assim a empreza num acto de desobediencia, que deve ser punida com a multa estipulada pela lei 252.[3]

O mais irônico de tudo é que, segundo Hilário Tácito (1977, p.69), esses estabelecimentos, tanto os parisienses quanto os paulistanos, não passavam de traduções de luxo de tascas e tabernas:

---

2   Anotações de aula de curso ministrado pelo professor visitante Eddy Stols no programa de pós-graduação da Unesp de Assis, Disciplina Tópicos Especiais/ História da Alimentação, 2007.

3   Arquivo Municipal Washington Luís, Caixa PAH7 – 1906, Fundo: Secretaria Geral, Grupo: Seção de Polícia e Higiene, Série: Fiscalização, Subsérie: vistoria, Guarda Fiscal Arthur Macuco, Fiscalização Municipal, 10.10.1906, Espetáculo: Moulin Rouge, Ao. Sr. Diogo Pacheco. Assunto: Intransmissível. Enviada ao Sr. Diogo Assis Pacheco ao Diretor da Secretaria Geral da Prefeitura em 11 de outubro de 1906.

Existiu em Paris antes da guerra e creio que ainda hoje existe, provavelmente, uma famosa estância de prazeres noturnos, custosos e elegantes. Devia ser lá para as bandas de Montmartre, segundo me parece; chamava-se a Abbaye de Thelème, com o sobrenome em língua francesa de cabaret. Para transladar isso tudo em português explícito digamos, sem ambages, que a chamada vem a ser taverna, ou botequim de luxo; tasca de frascários ricos; e, ao mesmo tempo, alcouce de alto bordo, prostíbulo, bordel, conventilho, ou lupanar de meretrizes caras. Nem mais nem menos.

O próprio Au Paradis Retrouvé, segundo o escritor, apesar do trabalho das modistas com as meninas, os tinidos de cristal e o reposteiro largo de veludo carmesim, a exposição de baixelas, cristais e porcelanas, tinha mais de pardieiro que de palácio, deixando entrever suas flores murchas e gravuras de nus recortadas da *Illustration* (ibidem, p.76 e 78).

Champanhe para combustível

Mas a outra grande chave e síntese de desejos era o champanhe. Não era à toa que o nome da protagonista era também o de uma marca da bebida. Ele era o combustível obrigatório do ser urbano que se pretendia civilizado e à francesa. E olhe que seu champanhe vendido a trinta mil-réis no Paradis não passava de Pommery comum de mil--réis a garrafa; o *Cliquot* era muito adoçado para ser convincente, do mesmo modo que as meninas nem sempre tinham ares de meninas ou de Françoises (ibidem, p.76). Mas os brindes das pupilas treinadas de Pommery seguiam suas palavras de ordem:

> *A boire! A boire du champagne! A lá sante de lá patronne!*
> *Garçon versez a boire a Madame.* (ibidem, p.85)

E assim essa perspicaz mulher de negócios traçava uma equação infalível, um esquema de mecanismo trifásico, no qual o champanhe funcionava como combustível:

FASE A – Cocote engrena coronel. Resistência ao rolamento = 100$000. Resultante: contração, movimento retardado. FASE B – Cocote engrena champanha, champanha engrena coronel. Resistência inicial = 30$000. Resultante: atração, movimento giratório cerebral. FASE C – Coronel engrena cocote. Resistência final = 130$000. Resultante: convulsão, movimento ascensional acelerado. (ibidem, p.87)

A bebida, portanto, é combustível e abrasivo de toda a engrenagem que envolve os ritos dos cabarés: a dança, o comércio do prazer, a euforia. A escolha de Mme. Pommery e de todas as donas de cabarés pelo champanhe com certeza não foi por acaso. Esse vinho branco efervescente, produzido na região do mesmo nome,[4] sempre exigiu taças e ocasiões especiais. Na França o valor simbólico do champa-

---

4 "É um tipo específico de vinho branco efervescente produzido na região francesa de Champagne, com 'denominação de origem controlada' (outros espumantes de uvas pelo mundo devem levar outras denominações). Desde a época medieval era característico dos vinhos dessa região de campos suaves serem *frizantes*, ou seja, levemente efervescentes. A partir do final do século XVII ocorreu o 'nascimento do champanhe' com a fabricação de garrafas de vidro espesso resistentes à pressão dos gases fechadas por meio de rolhas. Um processo peculiar foi desenvolvido para essa finalidade com o mosto após a fermentação sendo colocado em garrafas com acrescimento de açúcar e levedura. Uma segunda fermentação ocorre então no interior da garrafa, desprendendo o gás carbônico que espocará a rolha ao ser aberta, produzindo a densa espuma. Para isso, no entanto, a garrafa é deixada descansando deitada com um movimento de rotação manual sendo realizado periodicamente, até que a garrafa é aberta para uma expulsão do excesso de gases e detritos acumulados no bocal e, em seguida, rapidamente fechada de novo. Assim obtém-se os diversos tipos de champanhe, que distinguem-se tanto pelo volume e densidade da espuma (*crémant, mousseux, grand mousseux*) como pela quantidade de açúcar presente (indo dos mais doces para as que praticamente não contêm açúcares acrescentados: *sec, extra-brut, brut, brut nature*). Desde o século XIX surgiu a tradição de se atribuir a invenção do champanhe a um monge da abadia de Hautevilliers, Dom Pérignon, que na verdade apenas realizou uma união de cepas específicas (*pinot noir* e *pinot meunier*), mas assim como essas existem outras mesclas de uvas (em francês, *cuvées*), não se podendo personalizar em uma única pessoa a invenção do processo técnico de obtenção de vinhos espumantes, aperfeiçoado através dos tempos." (Carneiro, 2005, p.30-1).

nhe e do espocar de sua rolha, usado para festejar vitórias esportivas, batizar navios e celebrar casamentos, surgiu no final do século XVIII e se espalhou pelo mundo, tornando-se presença indispensável em ocasiões comemorativas (Carneiro, 2005, p.30-1). Vale lembrar que esse vinho é fabricado em outras regiões, mas só os franceses lhe imprimiram o *glamour,* grandes sintetizadores que são de culturas e gostos. Foi por conta desse talento que formaram toda uma identidade em torno de sua gastronomia, incorporando e organizando uma série de elementos italianos. E do mesmo modo, souberam vender o champanhe como uma bebida só sua e a única especialmente fabricada para a expansão do charme e da celebração.

A picareta municipal

À parte todo o sucesso comercial alcançado, o Paradis Retrouvé passa a ser alvo da picareta municipal das reformas urbanas levadas a cabo na década de 1910 pelos prefeitos Antonio Prado e Duprat, dada sua seara de comércio e atendimento, bem como sua localização geográfica:

O Paradis Retrouvé estava instalado em situação que o expunha diretamente às ameaças da picareta municipal, que andava demolindo a torto e a direito casas e quarteirões inteiros, na faina de abrir praças, de alargar ruas, segundo os planos que o Bouvard aprovou por cem mil francos. A maior avenida projetada, investindo contra o Largo Paesandeu, daria em terra com a melhor metade do Paradis, na esquina da Rua D. João. Ora, isto não convinha, por forma alguma, a Mme. Pommery. Sendo apenas inquilina e não proprietária do prédio, não podia esperar o menor lucro na desapropriação, mas só prejuízos e contrariedades. (Tácito, 1977, p.107)

Para piorar a situação e a vigilância, o Paradis recebe a visita de um lançador da arrecadação estadual de taxas e impostos, que anotando detalhes sórdidos num caderninho, dá-se conta de todas as evidências de que não se tratava de hotel, nem restaurante, nem pensão de artistas, como Pommery postulava, tampouco pensão familiar, mas sim de uma casa de diversões noturnas suspeita. O parecer do fiscal é ótimo:

Um piano escancarado, uma burra aferrolhada, pinturas nuas, garrafas vazias de champanha, pontas de cigarros aos centos, gabinetes reservados com resíduos de bambochata, não inculcam hábito de família numa casa de pensão cuja patroa dorme até depois das oito. Pareceu-me um estabelecimento assaz suspeito... Mas a lei vigente consubstanciada no orçamento da receita, aprovado pelo Congresso Legislativo para o presente exercício, apenas se refere a Hotéis, Restaurantes, e Pensões "familiares", nome que não pode convir, diante dos princípios da moral católico-republicana, a um centro de diversões noturnas em que cavalheiros e senhoras dão levianamente exemplos corruptores da saúde corporal e espiritual dos seus extremosos filhinhos de amanhã, entregando-se a danças voluptuosas e libações, condenadas pela sabedoria dos Santos Padres, como bem disse o grande arcebispo de Braga de saudosas memórias, o beato D. Frei Bartolomeu dos Mártires: *si bene bibis, male vivis...* (ibidem, p.138-9)

Além de estar em pleno Largo Paesandeu, ou seja, Paiçandu, próximo da Igreja dos Homens Pretos, num canto da Rua São João (Kossoy, 2004, v.2), onde passaria uma grande avenida a ser aberta,[5] o Paradis Retrouvé não se encaixava em nenhuma categoria de estabelecimento digno. A bem da verdade, os entreveros entre fiscal municipal e esse tipo de casa de comércio eram muito comuns. Foi o que aconteceu com o café-dançante, dirigido por Carmine Delamonica, localizado na Rua da Estação n. 37-A, que segundo os jornais da grande imprensa, era frequentado por gente de baixa categoria, pinguços e marafonas (Rago, 1991, p.95). O local foi multado pelo fiscal Estevam Souza Jr., da Seção de Polícia e Higiene da Prefeitura, quando ao visitar o dito, no dia 29 de janeiro de 1906, surpreendeu-se com o fato de que havia ali um *hotel*, ou seja, quartos para múltiplos usos.[6]

---

5 A referência diz respeito ao projeto Grandes Avenidas, cujas reformas envolvidas serão tratadas no capítulo 5.

6 Seção de Polícia e Higiene, Caixa: PAH10-1906, Arquivo Municipal Washington Luís, Seção de Manuscritos.

Em setembro do mesmo ano Delamonica solicita relevação de multa, alegando que seu estabelecimento abriga "hospedaria e botequim", mas é intimado a fechar o tal hotel por não oferecer condições de higiene.[7] A saber, tanto o Paradis Retrouvé quanto o café-dançante de Delamonica não se encaixavam na moral católico-republicana, tampouco nos preceitos de asseio ou de qualquer taxionomia moral vigente. A limpeza e o alargamento das ruas era também uma varredura da depravação e do prazer.

Vinhateiros do asfalto

Com o poder público rastreando suas portas e entranhas, Mme. Pommery convence-se de que faltava apenas uma saga para o coroamento de sua vida: o ingresso no grêmio social aristocrático por meio do casamento, tal como havia feito sua babá cigana Zoraida. Na fila dos candidatos possíveis havia um negociante de couros, um comissário de mamona e um falsificador de vinhos com bodega no Bom Retiro. Esse alquimista das pipas iniciara a indústria há muitos anos, compondo e multiplicando *chiantis, grignolinos* e *barberas*. Em tempos recentes passara aos vermutes, e estendia-se até os vinhos franceses e ao próprio champanhe Pommery (Tácito, 1977, p.154).

A preocupação entre os meios médicos e autoridades com a falsificação do vinho era antiga. Chernoviz, em seu *Diccionario de medicina popular* (1862, p.611-6), dedica-se a essa contravenção, apontando possibilidades, implicações e prevenções. No decorrer de cinco ou seis páginas esmiúça as alterações dos vinhos pelo chumbo, pedra-ume, giz e aguardente.

Os vinhos paulistanos partilhavam de uma péssima fama e muitas das vezes as acusações de misturas com outros alcoóis e pós de toda

---

7 Seção de Polícia e Higiene, Caixa: PAH09-1906, Arquivo Municipal Washington Luís, Seção de Manuscritos.

sorte procediam.[8] No comércio de São Paulo, a alcunha de *vinhos nacionais* já era o suficiente para o arrepio de cabelos e acidez de línguas, mas não faltavam *chiants* e *barberas* produzidos em portinholas escondidas, à base de ácido tartárico, aguardente e outros espirituosos, além de colorizações executadas por meio de *fucsina* e *granate* (fabricados com anilina) (Borcosque Romero, 2004, p.44-7).[9]

Bem, o que se deduz é que o futuro marido de Pommery não era a única referência dos vinhateiros do asfalto que existiam na cidade nesse período. Em *Mistérios de São Paulo*, o escritor Afonso Schmidt

---

8 O termo falsificação, entretanto, exige cuidados, pois muitas vezes está influenciado pelas teorias científicas e pelo pensamento social da época. Um exemplo nítido é que, a partir da retomada dos estudos de Pasteur por parte do vitivinicultor paulistano Pereira Barreto, era considerado artesanal ou falsificado qualquer vinho que não passasse pelos procedimentos apontados pelo cientista francês, como relata Graciela de Sousa Oliver (2007): "Era preciso, portanto, trazer os imigrantes e disponibilizar os conhecimentos mais avançados, pois, em geral, ainda no princípio do século XX, a arte de fazer vinhos ou indústria da vinificação compreendia um conjunto de procedimentos com causas não muito claras. Por essa razão nos artigos científicos divulgava-se a vitivinicultura, dando-se grande ênfase aos procedimentos relativos à fermentação. Para tanto, os artigos, os estudos e as transcrições de artigos científicos estrangeiros tinham como finalidade tornar conhecidas algumas instruções 'indispensáveis àqueles, principalmente, que não podem com facilidade ou proveito recorrer aos autores...' Antes da divulgação desse fenômeno por Pereira Barreto e pelo Instituto Agronômico de Campinas, pouco se sabia sobre a relação entre Pasteur e os vinhos e, portanto, era comum designar o processo de fabrico de vinho apenas como vinificação. Graças às descobertas de Louis Pasteur sobre a natureza dos micro-organismos, ou também fermentos, e sobre a influência da temperatura no processo, uma nova etapa de vinificação foi identificada. Com o princípio dessa divulgação, mais incisiva a partir de 1900, a vinificação que incluía várias tarefas na cantina tornou-se a vinificação moderna, relacionada à fermentação. O vinho que não seguisse esses métodos era considerado 'artesanal' ou 'falsificado', notadamente quando havia fermentação incompleta ou presença de ácido acético, modificando o status do conceito artesanal anterior. Assim, recorrer à vinificação moderna era eliminar as incertezas, batalhas e mistérios do fabrico de vinho". Sobre o assunto, ver também Goldi (1890).

9 Sobre o assunto ver também *Annaes da Camara Municipal de São Paulo, 1907 (2º. Anno da legislatura), organizados pelo tachygrapho, Manuel Alves de Souza, S. Paulo, 1907. 6ª. Sessão ordinária de 16 de fevereiro de 1907.* Projeto de lei e discussão sobre a proibição da venda de bebidas falsificadas, p.21.

cria uma trama focalizando o *bas-fond* citadino e os cabarés, onde se gastava dinheiro com mulheres e muita bebida. Um dos personagens é um fabricante de *Lacrima Christi* nos imensos vinhedos da Rua Senador Feijó. Na defesa de sua cria, Schmidt diz acreditar que só os falsificadores produzem vinhos gostosos. Os vinhos puros não têm pretensão, posto que não buscam corrigir a natureza. Já os vinhateiros do asfalto tomam uma pipa de água e, despejando-lhe uns pozinhos, transformam-na em pipa de vinho. E termina postulando que um vinho confeitado não é um crime, é uma mentira piedosa (Schmidt, 1955, p.37, 68 e 85).

É essa a nobre linhagem à qual pertence o pretendente da grande promotora do champanhe na cidade de São Paulo, Mme. Pommery: a de um alquimista, um corretor da natureza, um guerrilheiro químico contra flagrantes de impostores.

E assim Ida Pommerowsky encontrou sua alma gêmea, retirou-se da vida pública para saltar na escala social como mulher de alta estirpe que sempre foi, ao som de *puffs* comemorativos e onomatopeicos do espocar das garrafas de vinho com bolhas.

5
UMA CARTOGRAFIA ORDINÁRIA:
A RUA DA ESPERANÇA

Aqui em casa pousou uma esperança. Não a clássica que tantas vezes verifica-se ser ilusória, embora mesmo assim nos sustente sempre. Mas a outra, bem concreta e verde: o inseto. [...] Não havia dúvida: a esperança pousara em casa, alma e corpo.

Mas como é bonito o inseto: mais pousa que vive, é um esqueletinho verde, e tem uma forma tão delicada que isso explica por que eu, que gosto de pegar nas coisas, nunca tentei pegá-la.

Uma vez, aliás, agora é que me lembro, uma esperança bem menor que esta, pousara no meu braço. Não senti nada, de tão leve que era, foi só visualmente que tomei consciência de sua presença. Encabulei com a delicadeza. Eu não mexia o braço e pensei: "e essa agora? Que devo fazer?". Em verdade nada fiz. Fiquei extremamente quieta como se uma flor tivesse nascido em mim. Depois não me lembro mais o que aconteceu. E acho que não aconteceu nada.

Clarice Lispector

Um andarilho na Rua da Esperança

Caminhar pela Rua da Esperança é subverter os eixos dos caminhos retilíneos, é percorrer ruas, portas, janelas, paredes que dizem, ouvir pedaços e sombras de vozes e falas, atravessar o cheiro azedo das pipas cheias e das névoas de tabaco. A Rua da Esperança começa na altura do Largo e da Travessa da Sé, um lugar de alta concentração de lojas de molhados e de sua respectiva clientela embriagada. Constam no *Indicador de São Paulo Administrativo, Judicial, Industrial, Profissional e Comercial para o ano de 1878*[1] cinco lojas de molhados e gêneros do país.

Ao virar a esquina da Travessa da Sé, deparo com uma sequência de botequins por todo o quarteirão que vai até a Rua Santa Teresa: o de Antonio Ferreira,[2] na casa de n.1; de Luiz Sobral[3] na de n.5; Gabriel Miloni e Adelvino da Silva[4] no n.7; ao lado, no 7A, dois sócios sapateiros, Salvador Talango e Americo Volpchere.[5]

Não é imponderável supor que ali se embebeda João Ferreira de Oliveira, 18 anos, solteiro, filho de Antonio José de Oliveira e de Rosa Ferreira de Oliveira, farmacêutico aprendiz, paulistano, morador no número 2, esquina com Santa Teresa. Foi preso em sua casa, bem em frente a esses botequins, por se achar embriagado. O guarda-urbano, Luiz Augusto de Carvalho, compareceu como testemunha do processo

---

1 *Indicador de São Paulo Administrativo, Judicial, Industrial, Profissional e Comercial para o ano de 1878*. Lojas de molhados e generos do paiz: Coelho & Miranda, Travessa da Sé, s. n.; F. Mauri, Travessa da Sé, n.17; Gabriel Pereira de Mello, Travessa da Sé, n.15; J. Placido da Graça, Travessa da Sé, n.10; Laudelino A. de Souza, Travessa da Sé, n.3. p.211-7.

2 *Annuario Commercial do Estado de São Paulo*, 1904, São Paulo, p.322 e Arquivo Municipal Washington Luís, Caixa PAH68 – 1911. Fundo: Secretaria Geral. Grupo: Seção de Polícia e Higiene.

3 *Annuario Commercial do Estado de São Paulo*, 1904, São Paulo, p.322.

4 *Annuario Commercial do Estado de São Paulo*, 1904, São Paulo, p.322 e Arquivo Municipal Washington Luís, Caixa PAH68 – 1911, Fundo: Secretaria Geral. Grupo: Seção de Polícia e Higiene.

5 Arquivo Municipal Washington Luís, Fundo CMSP – INTDM – PMSP, Série: Impostos, Datas: 1738–1903, Documentos Encadernados, Antigos Livros Pretos da Câmara, Etiqueta Verde, Livro 1840 – Imposto Indústria e Profissão – lançamento de – 1899 – 1900, Fl. 17.

dizendo que prendeu Oliveira, muito embriagado, em ato de dar com uma bengala fina uma pancada na cabeça de João de Deus Taborda, ignorando o motivo.[6]

Figura 7 – Rua da Esperança c. 1870

Autor: Militão Augusto de Azevedo. Fonte: Acervo Iconográfico da Casa da Imagem, Museu da Cidade de São Paulo.

As confusões envolvendo a bebedice, escândalos e prisões não são poucas no logradouro. Também foram presos por embriaguez, alterações, desordens e proferimento de palavras obscenas em altas vozes, na Rua da Esperança: Eufrazia Maria de Jesus que ignora o nome de seus pais, 35 anos, solteira, sem ocupação, brasileira, nascida nesta capital; Joaquim de Souza, filho de José Antonio de Souza, 29 anos, solteiro, padeiro, português, nascido em Braga; Justina Luizumba, 67 anos, viúva, filha de Thomé e Joanna, cozinheira, lavadeira, engomadeira, sem residência.[7]

---

6 N. de ordem 3975, Caixa 75, Notação 1401 (Rolo 090), Autuação 1878, Início do processo: Delegacia de São Paulo. Data Inquérito: 6/5/1878.

7 Autos Crimes da Capital, Arquivo Público do Estado, N. de ordem 3975, Caixa 75, Notação 1401 (Rolo 090), Autuação 1878, Início do processo: Delegacia de

Na altura dessas rixas e ebriedades já cruzo a Rua Santa Teresa, que também concentra um grande número de botequins, armazéns de molhados e lojas de bebidas.[8] É próximo desse logradouro, lá no Beco das Minas, que os estudantes se reúnem para saborear entrecosto com linguiça, regado ao generoso vinho do Chico Ilhéu ou do Maneco Vira-Copos, e para os jantares de segunda quinzena, banquetes de aperturas, servidos a quinhentos réis por pessoa pelo bom *monsieur* Charles em sua modesta casa de pasto (Freitas, 1985, p.74). Na mesma esquina com a Rua Santa Teresa, no n.2B, funciona a padaria e confeitaria de João Coelho.[9] Essa tipologia de estabelecimento, já na década de 1890, torna-se uma verdadeira instituição paulistana, que ultrapassava desde o início, em muito, a produção e venda de pães. Também era um espaço de sociabilidade e onde se bebia muita caninha (Oliveira, 2005, p.286).

Da Rua Santa Teresa até as Travessas da Esperança e do Quartel é um itinerário quase ininterrupto de botequins: no n.4 o de João

---

São Paulo. Data Inquérito: 6/5/1878. Autos Crimes da Capital, Arquivo Público do Estado (n.4021, notação 2361, 1886); (n.4019, notação 2293, 1887); (n.4014, notação 2115. 1889).

8 Completo Almanak Administrativo, Commercial e Profissional do Estado de São Paulo para 1895 (1895_. Cafés, Botequins, Bebidas: Amadeu Zanotti, (Café Guarany), r. S. Thereza, 2. Padarias: Durão & Cardoso (Pad. Franceza), l. Sé, 11. Seccos e Molhados – a varejo: Eneas Fontoura, r. S. Thereza, 20A; Antonio Martins, r. S. Thereza, 10; Rodrigues Correia, r. Quartel, 12; Severo Pinto, r. S. Thereza, 5; Bianco & Irmão, r. S. Thereza, 20; Pedro Orsi, r. S. Thereza, 24C; Ricci & Dissette, r. S. Thereza, p.11, 200, 231, 267, 268. Indicador de São Paulo Administrativo, Judicial, Industrial, Profissional e Comercial para o ano de 1878, Lojas de molhados e generos do paiz: Angelo Vicente, Rua de Santa Thereza, 10; J. Rodrigues Correia, Rua de Santa Thereza, 2; M. Ferreira Nunes, Rua de Santa Thereza, 7 e 9. p.211-7. Almanak da Província de São Paulo, 1857, Armazens de molhados e generos da terra: Antonio dos Santos e Azevedo, rua de Santa Thereza; Christovam Fuchs, rua de Santa Thereza; Francisco Antonio de Borba, rua de Santa Thereza; João José Moreira, ruas de Santa Thereza, e do Carmo. Tabernas: Rua de Santa Thereza (3). Almanak Administrativo, Mercantil e Industrial da Província de São Paulo, 1857, Padarias: Viuva Mugnanis & Filhos, rua de Santa Thereza. p.140, 141, 142, 143, 152.

9 Arquivo Municipal Washington Luís Fundo PMSP, Grupo Diretoria de Obras e Viação, Série Edificações particulares, CxC1 – 1907, Doc. 46.

Augusto Loureiro[10] e de Antonio Coelho de Alem.[11] A partir de 1900 esse endereço passa a ser utilizado pelos alfaiates Manoel Collaço e José Bernardes.[12] Não resistindo à vocação e destino da morada, em 1904 volta a abrigar o botequim de Abel P. de Azevedo.[13] No 4A o bar de Luiz Antônio Sohal,[14] no n.6 o de Manoel Correia e Annibal Augusto de Souza,[15] no 6A o de Theresina Presta,[16] no 18 o de Adelina Mischiati,[17] no 30 o de Nunes e Jardim,[18] no 34 o de Ignacio Russo[19] e Giuseppe Mangioni,[20] no 8 uma loja de molhados e gêneros do país

10 Arquivo Municipal Washington Luís, Fundo CMSP – INTDM – PMSP, Série: Impostos, Datas: 1738 – 1903, Documentos Encadernados, Antigos Livros Pretos da Câmara, Etiqueta Verde, Livro 467 – Alvará – licença – ambulantes e estabelecimentos comerciais – 1891-1896, Fl. 184.

11 Arquivo Municipal Washington Luís, Fundo CMSP – INTDM – PMSP, Série: Impostos, Datas: 1738 – 1903, Documentos Encadernados, Antigos Livros Pretos da Câmara, Etiqueta Verde, Livro 756 – Alvará – licença – indústria e profissão – 1896 a 1898, Fl. 2.

12 Arquivo Municipal Washington Luís, Fundo CMSP – INTDM – PMSP, Série: Impostos, Datas: 1738 – 1903, Documentos Encadernados, Antigos Livros Pretos da Câmara, Etiqueta Verde, Livro 1840 - Imposto Indústria e Profissão – lançamento de – 1899 – 1900, Fl. 17.

13 *Annuario Commercial do Estado de São Paulo*, 1904, São Paulo, p.322.

14 Arquivo Municipal Washington Luís, Fundo CMSP – INTDM – PMSP, Série: Impostos, Datas: 1738 – 1903, Documentos Encadernados, Antigos Livros Pretos da Câmara, Etiqueta Verde, Livro 467 – Alvará – licença – ambulantes e estabelecimentos comerciais – 1891-1896, Fl. 3.

15 Arquivo Municipal Washington Luís, Fundo CMSP – INTDM – PMSP, Série: Impostos, Datas: 1738 – 1903, Documentos Encadernados, Antigos Livros Pretos da Câmara, Etiqueta Verde, Livro 756 – Alvará – licença – indústria e profissão – 1896 a 1898, Fl. 6 e 10.

16 *Annuario Commercial do Estado de São Paulo*, 1904, São Paulo, p.322.

17 *Annuario Commercial do Estado de São Paulo*, 1904, São Paulo, p.322.

18 Arquivo Municipal Washington Luís, CAIXA PAH14 – 1907, Fundo: Secretaria Geral, Grupo: Seção de Polícia e Higiene, Série: Alvará/licença, Subséries: fábrica, jogos, jornal, sorveteria, espetáculo/festas/bailes. Esportes, barbearia, ambulantes, açougue, botequim, hotel/pensão/hospedaria.

19 *Annuario Commercial do Estado de São Paulo*, 1904, São Paulo, p.322.

20 Arquivo Municipal Washington Luís, Caixa PAH2 – 1906, Fundo: Secretaria Geral, Grupo: Seção de Polícia e Higiene, Série: Alvará/licença. Subséries: Jogos, secos e molhados, depósitos (frutas e bebidas), padarias/confeitaria/leiteria, restaurantes, ambulantes, botequins, hotel/pensão/hospedarias, Alvará – Botequim – 1906. Arquivo Municipal Washington Luís, Caixa PAH14– 1907,

de M. José Borges Barata.[21] Esse quarteirão constituído por um bloco compacto de venda de alcoóis é intercalado apenas com duas habitações conjugadas: o n.24 em 1894 era residência e loja de calçados de Próspero Giachetta, que no mesmo ano é passado para Francisco Guilherme, tintureiro, e Raphael Sanches, florista.[22] O n.28 serve de morada e oficina de Maria Miquela Paranhos.[23]

O comércio de Caetano Martini, no n.22, em 1896 pede alinhamento para abrir duas janelas, uma porta e uma vitrine.[24] Esse pedido de obra para instalação de uma vitrine pode ser um vestígio, ainda timidíssimo, de toda uma nova maneira de expor os objetos e o espaço urbano. Muitas vezes a transformação de janelas e portas, muito recorrente nesse período, podia ser para a instalação de vitrines, inclusive para atender o Código de Obras de 1886, que postulava toda uma doutrina do arejamento e da insolação, e normatizava as dimensões das aberturas. A nova tônica era a exibição de produtos em vitrines, e não mais pendurados pelas portas e janelas (Barbuy, 2006, p.52-8).

No outro lado da rua o perfil é um pouco mais misto: dois sobrados de n.13A, cujo número do proprietário não consta,[25] vizinha de outra residência, de n.13, de Thereza Candida,[26] e de n.41, que abrigava um sapateiro, Pedro Rozalio, e mais uma quitanda. Esses imóveis

---

Fundo: Secretaria Geral, Grupo: Seção de Polícia e Higiene, Série: Alvará/licença. Subséries: Fábrica, jogos, jornal, sorveteria, espetáculo/festas/bailes. Esportes, barbearia, ambulantes, açougue, botequim, hotel/pensão/hospedaria.

21 *Indicador de São Paulo Administrativo, Judicial, Industrial, Profissional e Comercial para o ano de 1878*, p.211-217.

22 Arquivo Municipal Washington Luís, Fundo CMSP – INTDM – PMSP, Série: Impostos, Datas: 1738 – 1903, Documentos Encadernados, Antigos Livros Pretos da Câmara, Etiqueta Verde, Livro 1840 – Imposto Indústria e Profissão – lançamento de – 1899 – 1900, Fl. 17.

23 Arquivo Municipal Washington Luís, Livro Obras particulares OPA 82, Papéis Avulsos, 1895, v. 9, E-3-66, D-E-F, Fls. 47, 49 e 50.

24 Arquivo Municipal Washington Luís, Livro Obras Particulares OPA 112, Papéis Avulsos, 1896, v. 14, E-4-96, D-E, Fls. 99 e verso, 100 e 101.

25 Arquivo Municipal Washington Luís, Livro Obras Particulares OPA 264, Papéis Avulsos, 1900, v. 6, E-10-248 C, Fls. 121 a 122.

26 Arquivo Municipal Washington Luís, Livro Obras Particulares, OPA 23, Papéis Avulsos, 1885, E-1-7, A a J, LMOP, RSTV, Fls. 55.

de dois pavimentos, entretanto, são privilégio de poucos. É certo que a proporção entre o número de casas no rés do chão e sobrados é a mesma entre os anos de 1870 e 1890: a saber, um sobrado para nove casas térreas. Ou seja, o grande número de moradas térreas da Rua da Esperança não era uma exceção do sítio urbano, ainda no final do século XIX, em São Paulo (Oliveira, 2005, p.316-7).

No mais, o vapor etílico continua imperando nessa quadra, nos botequins de Antonio Aguiar,[27] localizado no n.9; o de Maria Oliveira,[28] no n.35; o de Francisco Vozza, Vicente e Victoria Facci,[29] no n.39; na loja de molhados e gêneros do país de Abilio de Magalhães Barboza,[30] no n.21.

Ultrapassada essa sequência inebriante, cruzo com as travessas da Esperança e do Quartel. Esses logradouros também nunca fugiram da inclinação de seu entorno. Já em 1857 a do Quartel abrigava um total de cinco tabernas.[31] Nas décadas de 1870 e 1890 continuou tendo os alcoóis como principal serviço, oferecido por muitas lojas de molhados.[32]

---

27 *Annuario Commercial do Estado de São Paulo*, 1904, São Paulo, p. 322.

28 Arquivo Municipal Washington Luís, Fundo CMSP – INTDM – PMSP, Série: Impostos, Datas: 1738–1903, Documentos Encadernados, Antigos Livros Pretos da Câmara, Etiqueta Verde, Livro 756 – Alvará – licença – indústria e profissão – 1896 a 1898, Fl.10.

29 Arquivo Municipal Washington Luís, Livro OPA 321, Papéis Avulsos, 1902, v. 5, E-12-305 C, Fls. 113 a 116 e Annuario Commercial do Estado de São Paulo, 1904, São Paulo. Fonte: Arquivo Municipal Washington Luís, Seção de Manuscritos, Caixa PAH2 – 1906, Fundo: Secretaria Geral, Grupo: Seção de Polícia e Higiene, Série: Alvará/licença, Subséries: Jogos, secos e molhados, depósitos (frutas e bebidas), padarias/confeitaria/leiteria, restaurantes, ambulantes, botequins, hotel/pensão/hospedarias, Alvará – Botequim – 1906. Arquivo Municipal Washington Luís, Caixa PAH14– 1907, Fundo: Secretaria Geral, Grupo: Seção de Polícia e Higiene, Série: Alvará/licença, Subséries: Fábrica, jogos, jornal, sorveteria, espetáculo/festas/bailes. Esportes, barbearia, ambulantes, açougue, botequim, hotel/pensão/hospedaria. Annuario Commercial do Estado de São Paulo, 1904, São Paulo, p.322.

30 *Indicador de São Paulo Administrativo, Judicial, Industrial, Profissional e Comercial para o ano de 1878*, p.211-7.

31 *Almanak da Província de São Paulo*, 1857, p.142-3.

32 Indicador de São Paulo Administrativo, Judicial, Industrial, Profissional e Comercial para o ano de 1878, Lojas de molhados e generos do paiz: A. Pereira, Travessa do Quar-

Em 1904 abraçava seis botequins.[33] Muito por conta dessa função, esse trecho entre as ruas Santa Teresa e do Quartel é comentado com desprezo pela grande imprensa:

> Ainda com o objetivo de "sanear algumas ruas centrais da Capital", o delegado Rufiro de Tavares determinava a fiscalização de várias casas nas ruas Santa Tereza, da Esperança e do Quartel, onde, por detrás das fachadas de botequins alugavam-se quartos a homens e mulheres de "ínfima classe social". Exigia, consequentemente, a visita rigorosa dos inspetores de higiene a esses imundos receptáculos de misérias, dessas escolas do vício, conhecidas vulgarmente pelo nome de "farras".[34]

Já no intervalo entre as travessas da Esperança e do Quartel e a Rua do Teatro e Largo da Cadeia (que posteriormente se denominou Praça João Mendes), as coisas misturam-se, mas a impressão é que o clima esquenta e as complicações vêm à tona. A essa altura – que o leitor perdoe o tom descritivo, mas não é possível deixar de relatar esse percurso impagável – os botequins percorridos são: o de José Mayoni[35] no n.36 e o de Antonio Rodrigues Vieira[36] no n.50. No n.46 aparece mais um sobrado solitário,[37] de Manuel Joaquim de Albuquerque Lins.[38]

tel, 15; A. P. da Silva Braga, Rua do Quartel, 41. p. 211-7. Completo Almanak Administrativo, Commercial e Profissional do Estado de São Paulo para 1895 (contendo todos os municipios e distritos de paz), nono anno, reorganizado segundo os decretos por Canuto Thorman, São Paulo, Editora Companhia Industrial de São Paulo, 1895. Seccos e Molhados – a varejo: Antonio de Souza Machado, r. Quartel, 10; Joaquim de Toledo, tr. Quartel, 8; Rodrigues Correia, r. Quartel, 12; de Bagno, r. Quartel, 38. p. 200.

33 *Annuario Commercial do Estado de São Paulo*, 1904, São Paulo, Cafés / Botequins: Adalgisa Perucci, r. Quartel, 28; Alberto Salvador, tr. Quartel, 1; João Gonçalves Amaro, r. Quartel, 28; Joaquim Ribeiro do Prado, r. Quartel, 38; Maria Antonia, r. Quartel, 50; Stefano Sitto, r. Quartel, 11 p.310-6.

34 *O Estado de S. Paulo*, 26 nov. 1898.

35 *Annuario Commercial do Estado de São Paulo*, 1904, São Paulo, p.322.

36 *Annuario Commercial do Estado de São Paulo*, 1904, São Paulo, p.322.

37 Livro Obras Particulares OPA 194, Papéis Avulsos, 1898, v.8, E-7-178 C, Fls.39 a 41, Arquivo Municipal Washington Luís.

38 O Dr. Manuel Joaquim de Albuquerque Lins nasceu na cidade de São Miguel dos Campos, estado de Alagoas, em 20 de setembro de 1852. Formado pela Faculdade de Direito de Recife, transferiu-se para São Paulo, exercendo neste estado várias

Do outro lado da rua, continuo repisando o mapa da ebriedade, passando pelos botequins de Francisco Panaro[39] no n.47, de José Antonio dos Santos[40] no n.63 e o de Nogueira & Mendes[41] no n.65.

Atravessando as portas

Os reis não tocam as portas. Não conhecem a aventura do peso e da rudeza de tê-las nos braços e colocá-las de volta no lugar (Ponge, 2000, p.73). Até agora minha peregrinação tem se limitado às calçadas e fachadas. Entretanto, entre todos esses estabelecimentos etílicos amalgamados com açougue, costureiras, sapateiros, relojoeiros e quitandas, um ou outro sobrado de propriedade de gente importante, abre-se a possibilidade de carregar e atravessar algumas portas.

Nos números 57 e 57A, mais uma conjugação de residência com armazém, de propriedade de José Verrone e Joaquim de Oliveira Braga,[42] em casa térrea, sendo a frente utilizada para negócio e os fundos para quartos.

Herança de uma larga tradição portuguesa (Madureira, 1992, p.43), essa pluralidade de ocupação da casa urbana, essa coexistência entre comércio e residência manteve-se no centro de São Paulo até o início

---

funções públicas: juiz de Direito em Capivari, vereador, deputado e Secretário da Fazenda no governo de Jorge Tibiriçá. Indicado e eleito para presidente do estado, procurou manter as melhores relações com o poder da República, evitando intervenção federal eminente. Deu grande desenvolvimento à instrução pública, ao problema de imigração, à expansão das vias férreas e à produtividade agrícola. Criou as escolas normais de Itapetininga e de São Carlos, não descuidou dos problemas de interesse do Estado, fosse dos menores, conforme suas mensagens ao Congresso, apresentadas e elogiadas pelo historiador Eugenio Egas. Faleceu em São Paulo, capital, em 7 de janeiro de 1926 (Seção de Logradouros do Arquivo Municipal Washington Luís).

39 *Annuario Commercial do Estado de São Paulo*, 1904, São Paulo, p.322.

40 Arquivo Municipal Washington Luís, Caixa PAH68 – 1911. Fundo: Secretaria Geral. Grupo: Seção de Polícia e Higiene.

41 *Annuario Commercial do Estado de São Paulo*, 1904, São Paulo, p.322.

42 Livro Obras Particulares, OPA 54, Papéis Avulsos, 1893, v.2, E-2-38, Ba G, Arquivo Municipal Washington Luís e Livro Obras particulares OPA 379, Papéis Avulsos, 1904, v.6, E-14-363 C, Fls.138 e verso, Arquivo Municipal Washington Luís.

do século XX. Primeiro, casas térreas, com comércio na frente para a rua e dormitório nos fundos, e posteriormente sobrados com negócio no rés do chão e moradia nos andares cimeiros (Barbuy, 2006, p.42; Oliveira, 2005, p.253-5). Essa tipologia, que envolve uma sobreposição de funções, de caráter doméstico, comercial, de descanso e de lazer, público e privado (Lemos, 1999, p.66), encontrava-se pulverizada pela cidade no período e pode ser aferida nos projetos a seguir.

A morada de n.71, da Rua da Esperança, também utilizada para residência e comércio, é subdividida e alugada a diversos, para uso de armazém, um consertador de óculos, um niquelador. Por trás das armações de cada estabelecimento, o espaço é usado para moradias. Por conta dessa mistura de usos, o dono do local é alvo de fiscais da prefeitura, devido à solicitação de substituição de um biombo no armazém, já existente. Mas o parecer do técnico, depois de realização de vistoria no local, diz que o proprietário subloca o imóvel para habitação a um consertador de óculos, entre outros:

> Um pequeno armazém de uma só porta – meio acanhado – e que com a divisão requerida ainda mais ficará – pois a divisão só terá um fim, formar um quarto para morada sem condições higiênicas. Se é facto que já existem muitos cubiculos n'essas condições, não é menos certo que convém acabar com taes cubiculos que se tornam por demais numerosos com a facilidade de concessão.
>
> Assim entendo que deve ser negada a licença – não só para este como para outros pedidos identicos que de futuro se apresentem, saber bem entendido a vossa opinião a respeito.[43]

Na mesma página, outro parecer do mesmo técnico, José de Sá da Rocha, responde ao diretor, que lhe pergunta sobre as dimensões da casa:

> O commodo de que se trata, em si mesmo é regular mas subdividido em diversos cubiculos, alugados a diversos: há o concertador de oculos, há mais um nickelador ou prateador etc., pelo que pude observar, por traz das armacóes parece ser habitação.

---

43 Fundo PMSP, Grupo Diretoria de Obras e Viação, Série Edificações particulares, CxC1-1907, Doc.47, Arquivo Municipal Washington Luís.

O fim do pedido é com certeza separar a parte occupada pelo concertador de óculos da parte occupada pelo nickelador, pois aquele parece residir no local, e o biombo existente não é separação sufficiente e bastante. Se a divisão fosse só com o fito de estabelecimento sem moradia não veria inconveniente.[44]

Percebe-se, primeiro, no discurso dos fiscais, um pensamento de separação e de especialização dos usos, de organização das vidas pública e privada e de estancamento das ações do cotidiano. Haja vista a última fala do parecerista: "Se a divisão fosse só com o fito de estabelecimento sem moradia não veria inconveniente." Essa mistura de gestos, hábitos e jogos não é mais bem-vinda e não combina com uma nova proposta de arrumação da cidade. Ademais, fica nítida nos pareceres dos fiscais e inspetores a obsessão pelo arejamento e pela insolação. Atas, códigos de postura e fiscais apontavam em uníssono para a necessidade de novas condições de salubridade das habitações. Acreditava-se que o sol e o ar tinham efeito microbicida, daí a necessidade de janelas e entradas de luz.

Ainda sobre o parecer em questão, na defesa da luminosidade, do arejamento e da salubridade, percebe-se a presença de um novo personagem na cena urbana: o engenheiro fiscal. No decorrer do século XIX, no contexto de uma proposta de uma política urbanizadora, o policiamento fiscal passa a ser executado por esse profissional. O *mot* agora não é mais o princípio da autoridade, mas sim o da objetividade (Silva, s.d., p.151). Cabia ao engenheiro, dono da neutralidade e da eficiência técnica, não só organizar planos e orçamentos, mas também exercer as vezes de inspetor.

O ensino de engenharia no Brasil era caracterizado pelo tom teórico e enciclopédico, até por conta da forte influência do currículo da École Polytechnique de Paris, acentuadamente focado nas matemáticas e pouco preocupado com problemas práticos. Mesmo quando o crescimento urbano criou demandas de trabalhos de infraestrutura e

---

44 Fundo PMSP, Grupo Diretoria de Obras e Viação, Série Edificações particulares, CxC1-1907, Doc.47, Arquivo Municipal Washington Luís.

de engenharia civil, como estradas de ferro, redes de esgoto e iluminação pública, essas obras foram entregues a ingleses ou, em menor número, a americanos. Cabia aos brasileiros subordinarem-se aos ingleses pragmáticos nos canteiros de obras ou exercerem cargos de fiscalização de obras públicas e emissão de pareceres técnicos. A construção de moradias até o final do século XIX era dominada pelos mestres de obras ou, no caso dos palacetes, pelos engenheiros estrangeiros. Enquanto isso, os engenheiros brasileiros eram absorvidos pela burocracia pública e tinham profissão assalariada (Coelho, 1999, p.196-8), prontos a adentrarem residências e estabelecimentos, apontando o dedo para as irregularidades dos cubículos.

No meio do *bas-fond*

Já quase no final da rua, perto da esquina com o Largo da Cadeia, dois comércios chamam a atenção. No n.76 estava estabelecida Virgilia Baldi, com negócio ora denominado botequim, ora restaurante, ora Hotel da América.[45] Esse local é denunciado ao jornal *A Província de São Paulo* por um viajante, que querendo ali pousar, encontrou, segundo ele, decepcionado, muitas damas, pouco espaço e um *parfum* de camélias da vida:

> Fomos ao América e a outros como o Universo e Globo, porém achamos os cômodos, embora sejam um pouco acanhados, ocupados, por muitas damas, de modo que foi-nos impossível hospedar-nos em lugar pouco espaçoso e onde de dia e de noite se aspira o ar viciado por inúmeras flores – as camélias, por exemplo.[46]

Esse estabelecimento parece ser mais um daqueles casos de cabarés, como os de Mme. Pommery, que maquiam seus fins comerciais alegando outras funções e serviços. Aliás, a Rua da Esperança parece ser um

---

45 Livro: Atas da Câmara de São Paulo, 1877-78, v. 63-64, Departamento de Cultura do Arquivo Histórico, Divisão da Prefeitura do Município de São Paulo, 1949, Sessão Ordinária de 6 de junho de 1878, Presidência do Sr. Dr. Antonio da Silva Prado, p.67, Arquivo Municipal Washington Luís.

46 *A Província de São Paulo*, 10 ago. 1877.

microcosmo da cidade e de todos os tipos de estabelecimentos adentrados nos capítulos anteriores: botequins, cabarés, vendas de secos e molhados, tascas. Para complicar a situação dos agastados com barulhos, havia instalado também no Largo da Sé, do lado da Rua da Esperança, um quiosque de alimentação e bebidas (Sant'Anna, 1939, p.54).[47] Para finalizar o *bas-fond*, na esquina da Rua da Esperança com Largo da Cadeia está a hospedaria ou tasca, que já se denominou Hotel Gallino, e posteriormente assumiu o título de Hotel Progresso, companheiro do América nas perseguições dos chefes de polícia, como se pode perceber em artigo de *A Província de São Paulo*:

> Na hospedaria ou tasca que existe no largo da Cadeia, esquina da rua da Esperança, que já se denominou hotel Gallino e hoje pavonea-se com o título de hotel Progresso, foi ontem encontrada a infeliz Maria da Conceição em estado quase moribundo e desumanamente tratada.
>
> O proprietário tivera sua licença cassada, enquanto que a meretriz fora recolhida a um hospital.[48]

No dia seguinte, o chefe de polícia, Toledo Pisa, delega o fechamento do Hotel América. Em suma, América e Gallino são frequentemente denunciados pela grande imprensa estupefata com a imoralidade da função desses estabelecimentos. São o que muitos memorialistas chamam de "hotéis de fachada" (Americano, 2004, p.127).

Além do que, eram muitos os vendeiros que agregavam a comercialização de alcoóis, em seus supostos botequins ou tascas, com a prostituição, até para dissimular os ganhos do negócio mais rentável de todos (Pinto, 1994).

---

47 Para mais informações sobre quiosques, ver o capítulo 3.
48 *A Província de São Paulo*, 17 maio 1878.

O dia em que a Esperança enfrentou o Capitão Salomão

Traçado esse percurso-mapa-texto, tem-se uma idéia do quanto as autoridades queriam o fim da Rua da Esperança. O primeiro golpe veio com a resolução n.84 de 18 de março de 1897, que substituiu o nome Esperança por Capitão Salomão, em referência a José Agostinho Salomão da Rocha, capitão das forças imperiais que combateram na Guerra de Canudos. Ele era o comandante do 2º Regimento de Artilharia que, a 3 de fevereiro de 1897, partiu do Rio de Janeiro na chamada 3ª Expedição. Tombou em março do mesmo ano, durante um ataque das tropas, fatiado a foiçadas por um bando de jagunços famélicos.[49]

Nitidamente não identificados com a nobreza do grande herói ilustre abatido, no ano de 1906, os moradores da Rua Capitão Salomão encaminharam representação à Câmara, solicitando o restabelecimento do nome antigo. A resposta da Comissão de Justiça diz muito sobre o descaso do poder público sobre a memória, os afetos e desejos da população:

> Os moradores da rua Capitão Salomão, antiga da "Esperança", allegando ter sido por deliberação da Camara restabelecido o antigo nome daquella via publica pedem a collocação ou o restabelecimento das antigas placas.
>
> A Commissão de Justiça é de parecer que seja indeferido tal pedido, não só porque continua em inteiro vigor a resolução n.84, de 18 de março de 1897, parte em que alterou o nome daquella rua, como tambem por entender que *não é justo, por amor a um tradicionalismo sem significação, desfazer uma homenagem solemnemente prestada a um bravo que morreu no seu posto de honra* [grifo meu], defendendo a fé e a Republica.[50]

---

49 Seção de Logradouros Públicos do Arquivo Municipal Washington Luís.

50 *Annaes da Camara Municipal de São Paulo*, 1906 (2º. Anno da legislatura), organizados pelo tachygrapho, Manuel Alves de Souza, S. Paulo, 1906. 6ª. Sessão ordinária em 17 de fevereiro de 1906. 14ª. Sessão ordinária de 14 de abril de 1906. Parecer n.28 da Commissão de Justiça, p.56.

No contraponto às acusações de "apego a um tradicionalismo sem significação", cronistas macarrônicos desdenhavam das denominações oficiais de ruas e aderiam aos nomes antigos, guardados pela memória popular (Saliba, 2002, p.186). Assim fazia também parte dos habitantes da cidade e, a bem da verdade, até os inspetores e engenheiros fiscais são flagrados entre os pareceres em ato falho: "Rua da Esperança, digo, Capitão Salomão".

Escreveu Walter Benjamin (2006, p.919): "Reconhece-se o verdadeiro caráter expressivo dos nomes de ruas quando os comparamos com as propostas de reforma para sua normatização". Percebe-se aqui uma convergência entre o descaso pela petição dos cidadãos, a demolição dessa rua, o desprezo da experiência histórica e um ponto obsessivo de evacuar e desprezar a população pobre.

Cartografia ordinária

Nota-se nessa cartografia percorrida pela Rua da Esperança uma predominância de comércio de bebidas, sobretudo botequins, com residências modestas, de um só lanço, com poucas moradas de dois pavimentos, de alguns poucos mais abastados resistentes nesse centro, o que denota uma resposta às demandas dos meios populares do centro da cidade e aos seus hábitos de consumo.

Assim como a reforma urbana realizada pelo prefeito Pereira Passos (1903-1906) no Rio de Janeiro, as intervenções paulistanas elaboradas a partir da década de 1910 teriam como um dos objetivos principais desarticular o comércio varejista, sobretudo o de bares, tavernas, botequins, açougues e padarias, que dava suporte à população menos abastada. Em ambos os casos, no mesmo pé em que a cidade foi remodelada espacialmente, também passou por uma redefinição forçada das suas características comerciais, derrubando a boemia pobre associada ao passado colonial e ao mundo da desordem (Menezes, 2003, p.92).

É por isso que, alegórica e concretamente, a Rua da Esperança morreu. Não teve o mesmo destino de mudança de nomes e de intervenções de outros logradouros, como o Beco da Cachaça e o do Inferno, também lugares "mal frequentados".

Depois de ter sobrevivido por um pequeno período com um nome que não lhe fazia jus, por meio de um acordo firmado em 1913 com a prefeitura foi assentado aproveitar sua área para abertura e ampliação da Praça da Sé (Bruno, 1991, v.3). A Rua da Esperança, assim como a Rua do Quartel e a de Santa Teresa, lugares da embriaguez e dos desconvidados, foi tragicamente engolida e tragada pela praça principal. É interessante notar como os espaços desses sujeitos foram devorados e subvertidos por uma cidade que se pretendia mais moderna.

Era destino daquele lugar, por suas confluências centrais do espaço urbano e devido às escolhas de uma cidade que não foi feita para os homens, que ninguém ousasse simplesmente parar ali – tampouco estourar em gargalhadas e vociferações embriagadas.

Cartografia soterrada

Recompor uma rua que não existe mais é um trabalho de escavação de uma cidade soterrada. Para além do mapa instaurado pelo discurso urbanístico, da ordenação, pisam praticantes e lugares ordinários (Certeau, 1994, p.171-5), o pedestre, o pedinte, o andarilho, o bêbado, a puta, os botequins de Ignacio Russo, Luiz Sobral, Theresina Presta, o restaurante dissimulado de Virgilia Baldi, a tasca e Hotel Gallino. Esses atores e esses caminhos por eles traçados desenham um mapa-texto-humano, uma história múltipla, um espaço heterogêneo e descontínuo, uma peregrinação sobre ruínas, de sequências absurdas para o pensamento ordenador, racionalista, do progresso. É um mapa poroso, repleto de rupturas, rasuras, que carrega uma inquietude interna, um ir e vir de confrontos pela entrada imperativa de fiscais nas residências e estabelecimentos, prisões, rixas, altercações, bebedices.

Essa outra geografia ordinária, ordem perfurada pela bricolagem e apropriações do espaço, forma essa tensão entre as práticas cotidianas do espaço e a ordem instaurada, uma superfície perfurada, sulcada, rotas de fuga de sentido. É uma ordem-coador (ibidem, p.188).

O mapa da megalomania: o discurso urbanístico

Acima desse desenho sobreposto da Rua da Esperança, está o mapa dos esgotos, das aberturas de ruas, esplanadas e fluxos, do discurso urbanístico, de certo exercício de megalomania[51] que é preciso aqui retomar.

No que diz respeito a São Paulo, a administração provincial de João Theodoro de Xavier Matos (1872-1875) representa um ponto de inflexão para as mudanças que se acentuariam no final do século XIX e começo do XX. A partir de 1872, várias modificações urbanísticas e normativas ocorreram na cidade, transformações no sistema viário e saneamento básico. Com suas intervenções, Theodoro facilitou o acesso do Brás e do Pari com o centro e encaminhou estudos para captação das águas da Serra da Cantareira, que seriam aproveitados posteriormente. Iniciou também alguns serviços a cargo da iniciativa privada, como a iluminação a gás e o transporte de passageiros em bondes com tração animal, o "bonde-a-burro".

É também na administração de João Theodoro que ocorre a aprovação das posturas municipais em um código organizado, a partir de 1875, que demarcava uma preocupação com as tabernas, casas de pasto e botequins que se prestavam a reunião de "ébrios, vagabundos e desordeiros"[52] e escravos.

Com o advento da República as intervenções na cidade tomaram impulso. A Constituição de 1891 ampliou os poderes e atribuições da esfera estadual e criou o executivo municipal. Não é à toa que as ações urbanísticas e sanitárias demarcaram a gestão dos poderes públicos nessa virada de século.

Com a reforma urbana de 1911, sob a prefeitura de Antônio Prado (1899-1911) e, na sequência, de Raimundo da Silva Duprat (1911-1914), iniciam-se as obras de ampliação da Praça da Sé, que

---

51 Segundo Walter Benjamin (2006, p.184), teria dito Haussmann diante do mapa de Paris: "Agora é entre nós dois".

52 Coleção das leis e posturas municipais promulgadas pela Assembléia Legislativa de São Paulo, 1875.

pulverizaram do centro o mapa ordinário dos botequins traçado aqui. O Plano de Avenidas do prefeito Antônio Prado, cujo objetivo era a construção de um centro burguês, com ruas largas, prédios suntuosos e fachadas clássicas, levou à desapropriação de vários prédios do barão de Duprat, localizados naquela artéria, enquanto a construção da catedral da Sé extinguiu as Ruas da Esperança e do Imperador (Rago, 1991, p.56) e expulsou dali os bêbados e mariposas do amor, a geografia do prazer e da embriaguez.

O grande propulsor desse movimento, Antonio da Silva Prado, era um ex-monarquista, sem grandes paixões fervorosas pela República. Tentou assumir em sua administração a concepção de cidade como um corpo orgânico que deveria ter certo padrão de civilidade e urbanidade. Foi responsável, em seu mandato, pela implantação do sistema de energia elétrica na cidade, em 1900, graças a uma usina hidroelétrica construída em Santana de Parnaíba, pela empresa canadense The São Paulo Light & Power, que ocupava o atual centro comercial de mesmo nome. Foi também em sua gestão que ocorreu a inauguração do Teatro Municipal, no Viaduto do Chá, e da Pinacoteca do Estado, além da construção da Avenida Tiradentes.

Nas suas fantasias cosmopolitas elaborou projetos paisagísticos para as Praças da República e da Luz e Parque do Carmo. Executou várias reformas no Triângulo, ampliando o Largo do Rosário, renomeado de Praça Antônio Prado e transformado em ponto de distribuição de tráfego de veículos; reformou e alargou a Praça da Sé, com a varredura da Rua da Esperança, entre todas aquelas ruas malvistas tantas vezes citadas nos processos criminais, periódicos e documentos policiais. Também concebeu um viaduto que ligaria o Triângulo ao Pátio de Colégio e criou a Praça do Patriarca. Foi em sua administração que foi projetado o Viaduto Santa Ifigênia e encomendado o jardim lenotriano do palácio do Museu do Ipiranga.

Antônio Prado acreditava ser mais do que um reformador urbano: seria um pedagogo de como deveria ser exercida a civilidade e a elegância numa cidade, como fala Nicolau Sevcenko (1992, p.122):

Afinal, investir na criação de uma urbe moderna de padrão europeu implicaria também, como contrapartida, instigar a população a ocupá-la convenientemente e aprender a desfrutar de suas amenidades, fazendo cada um da cidade uma extensão significativa de sua vida.

A ocupação do espaço urbano deveria ser feita com conveniência e civilidade. Com certeza, bêbados gritando impropérios pelas ruas do centro da cidade não deveriam caber em seus projetos.

Essas obras de remodelação executadas no período da administração Prado e continuadas na gestão de Duprat, na cidade de São Paulo – como o alargamento de vias, instalação de praças, bulevares e equipamentos públicos –, tiveram como efeito o aumento do preço dos imóveis e acentuaram o perfil comercial e de serviços da área central. Concomitantemente, esses novos usos criavam outra paisagem, ajustada aos novos desejos e hábitos que a cidade passara a adotar: o projeto da Esplanada e do Teatro Municipal, um investimento milionário na época, foi o ponto de inflexão de uma gama de intervenções no centro da cidade que abriu as condições de tráfego e acesso, mas também elaborou um novo produto cultural, uma nova paisagem, cujo consumo era voltado exclusivamente para as elites (Rolnik, 1999, p.106).

Não se pode negar o caráter elitista e segregacionista dessas intervenções, privilegiando, no mais das vezes, uma elite urbana e a dinâmica da cidade capitalista. Evidente que a metrópole propagadora desse modelo de planejamento urbano foi a Paris e suas reformas sob o comando do prefeito Haussmann (1852-1870).

O bota-abaixo da boemia popular da Rua da Esperança e de outras ruas do centro está circunscrito numa tendência de alcance mais vasto, a saber, a dos planos urbanísticos que reconfiguraram as principais cidades europeias e americanas, contemporâneas da era industrial e do crescimento físico e dos problemas e embates dos espaços urbanos. A partir de então, surgiram projetos de intervencionismo da esfera pública, de planejamento urbano e tentativa de ordenação e domínio do social, baseados num estofo de fundo racionalista, progressista e higienista das cidades (Barbuy, 2006, p.700).

As intervenções executadas por Haussmann, que transformou uma cidade com pás, enxadas e alavancas (Benjamin, 2006, p.165), formaram um conjunto de legados que se pode tomar como: a) importância do alargamento de ruas, do arejamento e da insolação, associado à construção de edifícios públicos imponentes; b) criação de parques e jardins; c) valorização das mesas ao ar livre e esplanadas.

Apresenta, outrossim, uma proposta de estratégias de disciplinamento da população, por meio do conforto proporcionado pela infraestrutura (por exemplo pela água, pelo esgoto e pelo transporte de massa), e do rechaço à promiscuidade e ao amontoamento, assim como de vigilância das entradas de luz e ar e as divisões internas das casas e comércios (Cars; Pinon, 2005, p.73-101; Moncan; Heurteux, 2002, p.9-64).

Nesse projeto de haussmannização também está inserido o fenômeno das exposições universais, que, juntamente com a abertura das grandes avenidas e o advento das vitrines e dos parques, bate de frente com uma visão da cidade (onde estão ambientes dos alcoóis já descritos anteriormente) que deveria ser exterminada: a dos armazéns e tabernas com objetos pendurados, comércios mal iluminados, mal arejados, como coloca Heloisa Barbuy (2006, p.71):

> Em São Paulo, como se observou anteriormente, desde as últimas décadas do século XIX, o poder público municipal sintonizava-se com as novas concepções, que propunham transformar a cidade no lugar por excelência para a realização da "vida moderna". Esta era permeada por apelos estéticos – aguçadores dos sentidos. A exibição de mercadorias em profusão e seu poder de sedução, que encontrariam seu auge nas grandes lojas (*grands magasins* ou *department stores*), eram elementos estimuladores de uma "corrida pelas aparências", calcada na "emulação, competição e imitação", poderosos difusores de um modelo burguês.
>
> A implantação das novas práticas comerciais, sintetizadas na ideia de vitrine – mostruários e exibições de produtos cada vez mais requintados –, conectava-se com o haussmannismo em seus princípios de visibilidade e também de zoneamento social. Incrustaram-se na cidade haussmanniana, alimentando seu desenvolvimento ao construir para suas atividades – edifícios mais altos e uniformes, ao realizar o alargamento e alinhamento

das ruas quando da reconstrução dos novos edifícios, que garantiriam a substituição das cidades de outrora (de conformações e dinâmicas medievais ou coloniais). Foi em grande medida através das novas formas do comércio que se zonearam socialmente os espaços urbanos, criando-se áreas reservadas à burguesia.

[...]

Embora processando de forma lenta, incompleta e diminuta os novos padrões urbanísticos em vigor, São Paulo inseria-se, por vários aspectos, entre as cidades "haussmannizadas" ou, se for preferível, entre aquelas modernizadas de acordo com a cultura do seu tempo. Apesar do desenho das ruas mais ou menos mantido no Triângulo, que não perdeu de todo seu traçado colonial, os princípios de alinhamentos retilíneos, praças abertas entremeando o circuito, fachadas uniformes, interiores amplificados, iluminados e arejados, foram sistematicamente perseguidos e postos em prática durante décadas.

Lógico que as apropriações do modelo haussmanniano em São Paulo devem ser vistas como as de uma cidade que era um centro periférico do sistema capitalista, e como tal a haussmannização paulistana prendeu-se muito mais a uma preocupação estética do que funcional, numa tentativa de expressar plasticamente no espaço urbano o cosmopolitismo como valor, vendido a uma elite de periferia (ibidem, p.72).

Um sinal nítido do impacto das reformas parisienses em São Paulo é a visita à cidade, em 1911, do urbanista francês Joseph Antoine Bouvard. Sim, aquele a que se refere Hilário Tácito no romance sobre Mme. Pommery, a dona do cabaré perseguido pela picareta obediente aos planos desse homem. Mas antes de ser um dos responsáveis pela aposentadoria compulsória de Ida Sanchez Pomerikowsky,[53] ele exerceu a função de diretor do Serviço de Arquitetura, Passeios e Plantações da Cidade de Paris. Era também o autor do projeto do edifício principal da Exposição Universal de 1889 e trabalhou com Alphand (o braço direito de Haussmann). Esteve à frente da Direção de Arquitetura, Parques e Jardins e do Serviço de Festas da Exposição Universal de 1900 (ibidem, p.72).

---

53 Ver capítulo 4.

A estadia de Bouvard em São Paulo requer um pequeno antecedente. Em 1910, um grupo de cidadãos (entre os quais o Conde Prates, Francisco de Paula Ramos de Azevedo, Arnaldo Vieira de Carvalho) requer ao Congresso Legislativo do Estado licença para abrir na cidade três grandes avenidas. Esse projeto, de autoria do arquiteto Alexandre de Albuquerque, será chamado de Grandes Avenidas. Segundo esse plano o Triângulo não seria mexido. A avenida principal partiria da Praça Antônio Prado e iria até os Campos Elíseos; a segunda, do Teatro Municipal até a Estação da Luz; a terceira, do Viaduto Santa Ifigênia até o Largo do Arouche (Toledo, 2004, p.121).

Bouvard foi então convidado pelo prefeito Barão de Duprat (1911-1914) para fazer uma consultoria e propor programas de remodelação em relação aos planos de Alexandre Albuquerque. O urbanista francês apresentou um relatório e um esboço, chamado de Relatório Bouvard, que provocou reação de Alexandre Albuquerque. Segundo a resposta pública deste último, se era preciso chamar o senhor Bouvard para realizar esse trabalho, São Paulo não precisava ter uma escola de engenharia como a Politécnica.[54] Não obstante, à parte querelas acadêmicas e quiproquós, a única divergência em relação ao projeto dizia respeito ao aproveitamento da encosta entre a Rua Líbero Badaró e o Vale do Anhangabaú. Bouvard opinava que se deveriam eliminar todas as construções do lado ímpar desse logradouro para estabelecimento de um amplo belvedere, enquanto outros defendiam a construção de grandes edifícios em toda a lateral dessa rua. A solução foi conciliatória: nem só belvedere, nem só grandes palácios. O governo autorizou a construção de dois grandes edifícios deixando entre si um vazio de 29 metros, onde se faria um terraço que daria para o que seria o Parque do Anhangabaú (Toledo, 2004, p.122-3).

Bouvard, na ocasião da consultoria prestada ao município de São Paulo, já era renomado e reconhecido por todo o mundo, tendo trabalhado não só na reurbanização de Paris como também na de Buenos Aires. Cabe aqui um pequeno adendo e cotejamento sobre as intervenções ocorridas nessa capital sul-americana.

---

54 A Escola Politécnica foi fundada em 1892 e teve no quadro docente Alexandre Albuquerque e Ramos de Azevedo.

No ano de 1907 foram executadas uma visita e a elaboração de projetos para a cidade de Buenos Aires pelo urbanista francês Joseph Bouvard, demarcando uma transição da presença dos conventilhos no centro para uma nova modalidade, a saber, a criação de cotas de terrenos nos subúrbios que já se efetuava desde 1904. O Plano Bouvard aborda, portanto, a necessidade de expropriações amplas para abertura de novas ruas.

Antes, porém, sob a gestão do Intendente Alvear – considerado o Haussmann argentino –, na década de 1880, ocorre a reforma da Plaza de Mayo, com a demolição da Recova Vieja e com a união das Plazas de la Victoria e 25 de Mayo, concepção de ampliação da Praça principal da cidade, aliás muito parecida com o que ocorreria mais tarde em São Paulo, com a destruição das ruas em questão para o alargamento da Praça da Sé.

Nesses projetos urbanísticos, mesmo levando em conta matizes locais, o desenrolar da trama, seja de São Paulo, Rio de Janeiro, Buenos Aires ou Paris, há um roteiro similar: expropriações, especulação imobiliária, medidas de "higienização" e expurgação dos conventilhos, da pobreza e das doenças, a busca do ornato e de uma suposta estética urbana. No mesmo molde, ocorreu em Buenos Aires a extinção de pulperias, misturas de armazém, tenda, taberna e casa de jogo, estabelecimentos populares de venda e consumo de álcool, cuja influência data da colonização espanhola (Gil, 1998).

Voltando a São Paulo, depois de ter participado dos projetos parisiense e portenho, Bouvard assina o já citado projeto de "melhoramento" da cidade, em cujo objetivo traçado constava:

> Obter desafogo no centro da cidade, pelo retoque de algumas partes internas e pelo estabelecimento de communicações, largos, faceis e directas, segundo seu contorno.
>
> Pôr em evidencia e observar com carinho os aspectos e os pontos de vista mais notaveis, interiores e exteriores.
>
> Crear aos edifícios publicos, construídos ou projectados, a moldura condigna, uma vizinhança que os faça pôr em relevo e corresponda ao custo da sua construcção.
>
> Assegurar o desenvolvimento da cidade em condições normaes e racionaes.
>
> [...]

Está chegando o momento, é minha convicção, para que a cidade de S. Paulo entre com resolução no caminho que lhe é traçado pelo seu rapido movimento de progresso. Esta capital deve, hoje, sem tocar no passado, sem negligenciar o presente, cuidar do futuro, traçar o programma do seu crescimento normal, do seu desenvolvimento esthetico; deve em uma palavra, prever, adoptar e executar judiciosamente todas as medidas que reclamam e cada vez mais serão reclamadas pela sua grandeza e importancia.

[...]

É essa a norma de proceder que adoptaram e que adoptam, cada vez mais, todas as capitães, todas as grandes cidades do antigo e do novo mundo. É essa uma linha de conducta que a capital de S. Paulo, menos que qualquer outra, não poderia pôr de parte.

S. Paulo, 15 de maio de 1911

J. A. Bouvard, director honorário dos serviços de architetura e dos passeios, de viação e plano de Paris. (Toledo, 2004, p.127)

O programa de Bouvard, embora considerasse "certa preservação" do Triângulo, projetou que as novas ruas fossem feitas em arco, formando exatamente um anfiteatro,[55] onde o mesmo Triângulo serviria como "plataforma de observação". Como discorre Heloisa Barbuy (2006, p.73), percebe-se nesse projeto para São Paulo a visão da cidade-espetáculo:

Vê-se aí o aproveitamento da topografia para a realização da cidade--espetáculo, aberta à visão, identificada com um anfiteatro, cuja "plateia" se postaria no planalto. Essa concepção teria implicações na urbanização da várzea do Carmo e do vale do Anhangabaú.

Na prática, o projeto de Bouvard contemplou desapropriações e demolições, na Rua Direita e Quintino Bocaiúva, São Bento e Líbero Badaró, para alargamento desses logradouros e também para a formação da Praça do Patriarca. A intenção era a abertura de uma praça que constituísse uma área livre com vista panorâmica para o Vale do Anhangabaú, também urbanizado.

---

55 *Almanaque Brasileiro Garnier*, 1914, p.345.

Figura 8 – Configuração do Largo da Sé e arredores anterior às reformas de 1912. Veem-se as extintas Ruas do Quartel, da Esperança e do Imperador

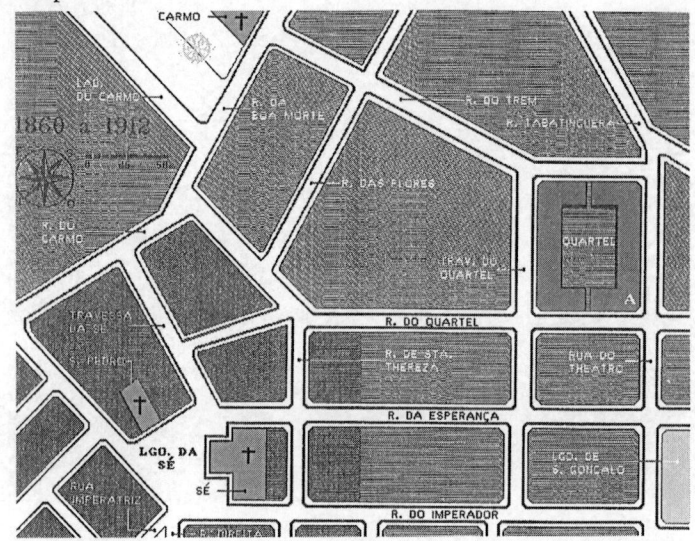

Fonte: Itaú Cultural

Figura 9 – Praça da Sé após as reformas de ampliação de 1913

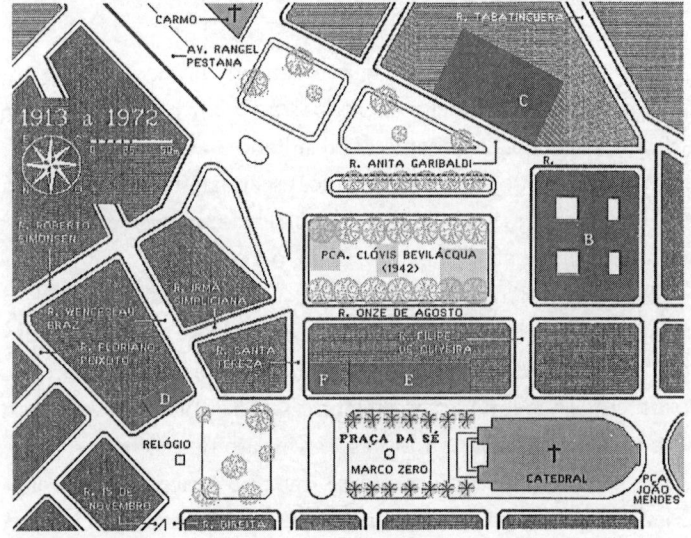

Fonte: Itaú Cultural

Figura 10 – O acanhado Largo da Sé antes das reformas, ainda com a antiga Matriz à direita, 1862

Autor: Militão Augusto de Azevedo. Fonte: Acervo Iconográfico da Casa da Imagem (Museu da Cidade de São Paulo)

Cartografia da destruição

Em suma, é sob o método Haussmann, essa prática de rasgar gretas nos bairros pobres, principalmente os situados nos sítios centrais, que a Rua da Esperança desaparece. O resultado é sempre similar, a saber: o desaparecimento de ruas e cubículos escandalosos – sob aplausos da elite burguesa – que pululam logo depois em outro lugar e muitas vezes no entorno imediato (Benjamin, 2006, p.184).

Nesse sentido, o mapa da Rua da Esperança não é uma narrativa de construções, mas sim de demolições, e essa é a história de São Paulo do final do século XIX e começo do XX. Porém, é a partir desses desmoronamentos que se pode perceber uma seção de planta de arquitetura, suas divisões internas e íntimas, o formato dos cômodos (ibidem, p.134-5), os biombos que dividem trabalho e moradia, os tapumes, as janelas que viram portas, as portas que se transmutam em vitrines, as paredes que se volvem em pó.

Na atual repisada Praça da Sé, uma não praça, uma não ágora,[56] fabricada por prefeitos-engenheiros especialistas em não lugares, pouco ou nada sobrou da *Esperança*, rua, lugar, coisa, bicho, gente, potência. A plataforma de circulação, onde ninguém para, senta ou troca, parece ter sido riscada ou apagada como espaço público. E muita gente acha que não aconteceu absolutamente nada.

---

56 Ágora: "Praça das antigas cidades gregas, na qual se fazia o mercado e onde se reuniam, muitas vezes, as assembleias do povo" (Ferreira, 1986, p.63).

PARTE II
PARA UMA CULTURA GESTUAL DA EMBRIAGUEZ: CONDUTAS E PERSONAGENS

6
PASSOS EM FALSO E TROPEÇOS: PERSEGUINDO JOÃO GATO

*Os animais foram
imperfeitos,
compridos de rabo, tristes
de cabeça.
Pouco a pouco se foram
compondo,
fazendo-se paisagem,
adquirindo pintas, graça voo.
O gato,
só o gato apareceu completo
e orgulhoso:
nasceu completamente terminado,
anda sozinho e sabe o que quer.*

*O homem quer ser peixe e pássaro,
a serpente quisera ter asas,
o cachorro é um leão desorientado,
o engenheiro quer ser poeta,
a mosca estuda para andorinha,
o poeta trata de imitar a mosca,
mas o gato
quer ser só gato
e todo gato é gato do bigode ao rabo,
do pressentimento à ratazana viva,
da noite até os seus olhos de ouro.*

Pablo Neruda

"Não sou escravo de ninguém" retrucou João Gato ao Alferes Machado do Corpo de Urbanos, na ocasião em que este o intimou a se retirar da porta de um Hotel em que Gato esperava um companheiro seu. Além de não ser escravo nem obedecer a ordens, João disse que não estava fazendo barulho e estacou na soleira, dando continuidade a sua tocaia. Devido à insolência, foi levado preso à Estação Central. Na subdelegacia de polícia bateu boca com a autoridade, negando ter quebrado termo de bem viver. Mas, como foi lido um documento assinado por Graciano Diaz, por Gato não saber ler nem escrever, respondeu que só rubricou esse termo por quebra do qual já esteve preso três meses menos alguns dias, e que depois não assinara nenhum outro. Perguntado se tinha alguma cousa mais a dizer, respondeu que *não*.[1]

João Gato não se rendia. Ágil e engenhoso, soltava miados aflitos quando engaiolado. Não obstante, dada a sua atitude ambígua, altiva e confrontadora, era olhado com desconfiança. É claro que não se tratava aqui de um gato de raça, mas sim de rua, que sabia o que era a vida, daqueles que reviram uma lata de lixo com uma classe e um estilo que nós, na nossa insignificante humanidade, jamais poderemos alcançar.

Ademais, infelizmente não há qualquer registro sobre a cor de João Gato e talvez nunca se saberá se ele era um branco ou um forro. Mas é com altivez felina que lançou essa resposta a uma autoridade policial no ano de 1878.

O guarda-urbano Tertuliano José de Oliveira, testemunha de acusação, natural de São Sebastião, solteiro, de 32 anos de idade, trabalhador de estrada de ferro, morador da Rua do Quartel, afirmou que João Gato era delinquente, que vivia embriagado, sacando uma prova cabal do crime: inadvertidamente Gato levava consigo uma pequena garrafa de aguardente.[2]

Compareceu em seguida o guarda-urbano de nome Domingos Malta, de 37 anos de idade, casado, morador no Bairro da Luz. Per-

---

1 Processo criminal, N. de ordem 3966, Notação, 1220, (Rolo 079), Autuação 1878, Início do processo: Subdelegado da Freguezia de Santa Ifigênia, Fls.04 e 05.

2 Processo criminal, N. de ordem 3966, Notação, 1220, (Rolo 079), Autuação 1878, Início do processo: Subdelegado da Freguezia de Santa Ifigênia, Fls.008.

guntado sobre os fatos, respondeu que o indiciado tinha por costume embriagar-se e, nesse estado, era turbulento, e que a única ocupação que tinha era carregar bagagem dos passageiros que chegavam às estações desta cidade. Que há tempos foi encontrado com um chapéu que tinha furtado de um estudante, e que na antevéspera da última prisão, verificou-se faltar alguma roupa em uma caixa que o acusado conduziu da estação e depositou em uma venda, onde mais tarde foi buscá-la para entregar a seu dono, visto que a casa onde o baú devia ser entregue era outra, mas que não sabia se foi o próprio acusado que tirou as roupas.

Na sequência, compareceu o guarda-urbano Moyses Alves de Gouvêa, de quarenta anos de idade, solteiro, morador na Freguesia de Santa Ifigênia. Perguntado sobre os fatos, respondeu que o acusado tinha por hábito embriagar-se e desconhecia que tivesse qualquer ocupação decente. Que era verdade ter ele furtado um chapéu de um estudante. Respondeu o acusado, impotente e envenenado com a hostilidade do ambiente, que nada tinha a dizer contra as testemunhas, porque negar ou confirmar era a mesma coisa e declarou nada mais ter a dizer.

Devido às "evidências" trazidas pelos depoentes, declarou o juiz que considerava provado o fato da embriaguez habitual a que era dado o acusado, e em cujo estado era turbulento. E também que tinha por costume subtrair objetos que lhe eram confiados pelos passageiros que transitavam pelas estradas de ferro. Diante disso sujeitava o mesmo acusado às penas que pela lei deviam ser impostas e advertia-o que no caso de não mudar seu procedimento recairiam sobre ele as penas de seu caso de quebra de termo de bem viver. Reincidente, acuado pelo tom de constrangimento, João Gato declarou que sob as mesmas penas comprometia-se a emendar a sua conduta, mas que sobre os fatos, unicamente era verdade que ele se embriagava, isto é, que bebia, mas que não se embriagava, e que não furtava, ou que não furtou os objetos de que tratava a mesma parte, supondo que foi o próprio dono da venda onde entregou a caixa que tirou os objetos que se diziam furtados.[3]

---

3 Processo criminal, N. de ordem 3966, Notação, 1220, (Rolo 079), Autuação 1878, Início do processo: Subdelegado da Freguezia de Santa Ifigênia, Fls.003 e 011.

Turbulento

As testemunhas de acusação chamam a atenção quanto à turbulência de Gato quando em estado de ebriedade, e esse não era um pensamento apartado. É explícita a inquietação com o sossego público, com o proferimento de injúrias e ofensas à moral, no Código de Posturas de 1886. Segundo o artigo 258,

> Toda a pessoa que em lugar público proferir injurias ou indecencias, praticar gestos ou tomar atitudes da mesma natureza; apresentar quadros ou figuras ofensivas á moral pública, ou andar vestida, indecentemente, sofrerá a multa de 20$ e dois dias de prisão. Sendo escravo, será recolhido ao calabouço da Penitenciaria por quatro dias.[4]

E são inúmeros os processos criminais sobrecarregados de juízos de valor ocasionados por ocorrências em que, no estado de embriaguez, atiravam-se palavrões e obscenidades pelas ruas às autoridades e a transeuntes e vizinhos. Em vários processos réus são acusados de perturbação do sossego público, impulsionados pela bebedice (Dias, 1984, p.13).

Zulmira de Augusta de Moura e Almeida, 27 anos, solteira, filha de Antonio de Moura e Maria dos Remédios, costureira, portuguesa, nascida na cidade do Porto, foi presa, no ano de 1872, por bebedeira e turbulência.[5]

Uma das testemunhas, José Kauer, disse que a indiciada era apelidada por outras pessoas de Arara, por ser muito faladora. João José Avelino, vizinho da antiga morada da ré, depôs que presenciou uma alteração entre a dita, sua irmã e Luis José da Cunha em que aquelas professavam palavras obscenas, e mais: que Antonio Luiz Coelho, inspetor do seu quarteirão, reclamava de Zulmira, dizendo que ela assustava sua mulher com uma cobra de pano.

---

4 Código de Posturas do Município de São Paulo – 6 de outubro de 1886, publicado em 1940 pelo Departamento de Cultura – São Paulo, Título XIX, Do Sossego Público, Injurias e Ofensas á Moral Pública, p.32.

5 Processo criminal, por embriaguez e turbulência. N. de ordem 3975, Caixa 75, Notação 1389 (Rolo 089), Autuação 1872, Início do processo: Subdelegacia da Freguezia do Brás.

Brincadeiras como essas provocações lançadas aos vizinhos ou mesmo acusações de calúnias e difamações podem soar bastante ingênuas, mas devem ser inseridas no contexto de uma sociedade que beira o urbano e o rural.

Gatuno

Por mais redundante que possa parecer, João Gato também é acusado de *gatunagem*, ou seja, de roubar, de ser larápio (Coelho, 1900, p.695). João teve outros companheiros de sina. Alexandre Mendes Pereira, filho de Bento Roiz Pires e de Graciliana Maria de Jesus, 30 anos, solteiro, nascido em Jundiaí e residente no lugar de seu nascimento, foi condenado a assinar termo de bem viver por ser gatuno e dar-se ao vício de embriaguez.[6]

A testemunha Bernardino Martins de Lara, natural de Portugal, casado, de 53 anos de idade, proprietário de profissão, disse que no dia anterior foi chamado por João Henriques para ajudá-lo a prender o acusado, que tendo entrado na casa de Guilherme de tal, seu vizinho, dali sorrateiramente se retirava munido de uma caixa contendo a quantia de 65 mil réis e um álbum. Disse também que notou que o acusado nessa ocasião achava-se embriagado e que no caminho para a Subdelegacia ainda tinha a desfaçatez de pedir-lhes bebida, quanto ao que, evidentemente, não o atenderam.[7]

Nos Relatórios de chefes de polícia são dignas de nota algumas ocorrências policiais ligadas aos alcoóis, como esse estratégico roubo de meia dúzia de garrafas de Fernet, entre tantas latas de doce:

---

6 Execução de sentença – Auto de Infração de termo de bem viver. N. de ordem: 4016, Caixa 116, Notação 2174 (Rolo 138), Autuação, 1887, Subdelegacia da Freguesia de Santa Ifigênia. Fls. s.n.

7 Execução de sentença – Auto de Infração de termo de bem viver. N. de ordem: 4016, Caixa 116, Notação 2174 (Rolo 138), Autuação, 1887, Subdelegacia da Freguesia de Santa Ifigênia. Fls. s.n.

No dia 5 de Junho, ao Dr. 5° Delegado de Policia queixou-se o cidadão Salomão Levy, negociante á rua de São João n.23C, de que fora roubado em 27 latas de doce, *6 garrafas de fernet*, attribuindo a auctoria do facto a três indivíduos italianos que em sua casa foram collocar encanamentos de exgottos.[8]

Sobre esses pequenos furtos, como os de garrafas de bebidas, roupas, chapéus e outras peças, entre a população mais pobre, que vivia de ocupação errante, era comum alguns indivíduos comercializarem pequenos objetos roubados em residências, junto a casas comerciais (Pinto, 1994, p.148). Lógico que, mesmo nas ocasiões em que não haviam cometido o delito, suas condições socioeconômicas já os tornavam suspeitos em potencial.

Vagabundo

João Gato também foi incriminado de não ter qualquer ocupação decente, assim como Manuel Ignacio da Silva, conhecido por Pinheiro, filho de Manuel Antonio da Silva, vinte anos, solteiro, funileiro, nascido em Santos, que sofreu a acusação de bebedice e vagabundagem, tendo a testemunha, Manuel Ramos Ferreira, dito que o réu não tinha ocupação, era bêbado e vagabundo.[9]

Também é imenso o número de processos em que as mulheres presas por embriaguez são constrangidas com alcunhas de embriagadas por hábito e vagabundas, desordeiras, de má fama. Maria Odila Leite da Silva (1984, p.9) discorre sobre o acento preconceituoso dos processos criminais levados a cabo contra mulheres do povo, que viviam de expediente e muitas vezes não eram casadas:

---

8 Relatório apresentado ao Secretário dos Negócios da Justiça do Estado de São Paulo pelo chefe de polícia Theodoro Dias de Carvalho Junior, 1895, p.7 (segurança individual e de propriedade) e p.29.

9 Processo criminal, N. de ordem 4001, Caixa 101, Notação 1880, Rolo (122), Autuação 1879, Início do processo: Subdelegacia da Freguezia da Sé.

Parte dos preconceitos que as desclassificavam socialmente provinham de valores machistas, misóginos, entranhados no sistema escravista e moldados no menosprezo do trabalho manual e de qualquer ofício de subsistência. Além destes, também as afetavam os preconceitos advindos da organização da família e do sistema de herança das classes dominantes, que as relegavam como excedentes sociais, mães solteiras e concubinas, parte integrante do próprio sistema de dominação.

Embora não seja alvo deste livro, o problema de gênero é uma questão que deve ser considerada. No que tange a um total de 34 processos criminais por embriaguez rastreados, constam uma costureira, três lavadeiras, duas que viviam de qualquer serviço, uma cozinheira, três sem ocupação fixa, e muitas volteavam os 35 anos, o que para a época já era considerada uma idade madura, sendo que a maioria não era casada. Viviam de expediente, não tinham patrão nem marido para lhes colocar a regra, e ainda eram presas em meio a escândalos dionisíacos. Muitas vezes no decorrer dos autos eram tratadas pelos juízes com o termo *vagabundas*. É o caso de Antonia Maria das Dores, Anna Theodora Maria da Conceição e Eufrazia Maria de Jesus, obrigadas a assinar termo de bem viver depois de serem presas ébrias. De acordo com o documento, as três "se obrigam a não mais embriagarem-se e a tomarem uma occupação honesta visto serem vagabundas".[10]

E aí vale a pena ponderar que a exibição da bebedeira é risível ou repulsiva em função de parâmetros. No espetáculo público da embriaguez, idade e sexo matizam o peso da graça ou da perdição. O pileque é sem dúvida hilário.[11] Mas entre o cômico e o repelente há que se considerar mesuras e modelos sociais. Quando se trata de um homem adulto cambaleando pela rua, o caráter burlesco e engraçado é mais afortunado. Uma mulher jovem suscita insinuações de desequilíbrios sexuais que podem estar envolvidos em sua ebriedade. Afinal, se fosse de "retidão", não beberia. Ainda assim, a cena é capaz de provocar

---

10 Processo criminal, Infração de termo, N. de ordem 4021, Caixa 121, Notação 2361, Autuação 1886, Delegacia de São Paulo, Arquivo do Estado de São Paulo.
11 Tratarei desse assunto de forma mais detida posteriormente quando discorrer sobre a cultura gestual do bêbado.

sorrisos e entreolhares. Não obstante, se se tratar de uma bebedora mais madura, o espetáculo cai da chacota para o drama e o julgamento de cabeças abaixadas e silenciosas.

Vadio

A apreensão com a vagabundagem, a vadiagem, a falta de ocupação de João Gato e seus comparsas é consoante com os criminólogos da época, segundo os quais o embriagado representava um perigo social, um ser à beira de praticar inconsequências e delitos, sendo considerado um perigo para a ordem e para a segurança pública. O uso do álcool era considerado pelas autoridades como uma praga que deveria ser controlada com o desenvolvimento urbano. Nesse momento em que se procurava criar nos despossuídos certo apego ao trabalho, o uso do álcool viria como uma resposta na contramão, já que era associado ao ócio e à negação da labuta.

É interessante notar que os indivíduos presos por ébrios, nos processos criminais coletados, em grande parte declaravam ter profissão. Entre os réus abordados com profissões havia uma costureira, um jornaleiro, um chapeleiro, três lavadeiras, um farmacêutico aprendiz, dois viviam de qualquer serviço, um servente de pedreiro, um funileiro, um ferreiro, um cozinheiro, um alfaiate, uma cozinheira, um marceneiro, três carpinteiros, um padeiro, um empregado de cartório, serviço doméstico, um moço de cavalariça e condutor de cargas da estrada de ferro (o próprio João Gato). Tratava-se, no entanto, como no caso das mulheres abordadas anteriormente, de profissões de expediente, que não acatavam normas e regras de conduta.

Depois da Independência, a repressão à vadiagem virou obsessão das elites brasileiras, sobretudo no que diz respeito à população dita "perigosa" que vivia nos centros urbanos. Essa ideia fixa de controle da vadiagem culminaria no Código do Processo Criminal de 1832, que estabelecia que os juízes de paz tinham a atribuição de obrigar a assinar termo de bem viver aos vadios, mendigos, bêbados por hábito, prostitutas que perturbassem o sossego público, aos turbulentos que por palavras ou ações ofendessem os bons costumes, a tranquilidade pública e a paz familiar.[12]

No decorrer dos períodos colonial e imperial as alçadas brasileiras esforçaram-se, via legislação, por criminalizar e categorizar como vadios, ociosos e desordeiros essas camadas da população que fugiam do controle senhorial, imposto a escravos e agregados. Um dos mecanismos de enquadramento exercido eram os termos de bem viver. Por meio deles os poderes policiais das freguesias constrangiam os pobres e livres ao trabalho, à sobriedade e à "retidão", a saber, ao que eles (autoridades) consideravam uma conduta da ordem.

As elites da época se irritavam com o ritmo de trabalho irregular e entrecortado exercido pelas camadas pobres, como as lavadeiras, costureiras, carregadores de bagagem, como João Gato (ibidem, p.78). Ademais, nos dias de folga podia-se beber cachaça com café, jogar, vadiar. O serviço, intermitente, era vendido ou arranjado por acordos apalavrados. Lavadeiras, limpadores de casas, passadeiras e jardineiros reuniam-se nas ruas do Triângulo e dos bairros chiques, como Higienópolis, Santa Cecília, Campos Elíseos. Esse trabalho casual, portanto, dependia de laços de sociabilidade, a prosa era farta e necessária. Dos colóquios surgiam também convites para beber nos bares e botecos, falar da vida e de seus problemas, contar causos e anedotas. No centro de São Paulo misturavam-se crianças, homens e mulheres em busca de trabalho, conversa fiada e uns tragos de pinga (Pinto, 1994, p.232, 247 e 250).

Outra questão que exasperara as elites era a errância dos pobres livres, a falta de raiz, a itinerância, a autonomia inconveniente, sinalizada como vadiagem, que também é demarcada no discurso jurídico sobre João Gato.

A partir do século XIX a palavra "vadiagem" assume um sentido amplo. Segundo o *Diccionario Manual Etymologico da Língua Portugueza* (Coelho, 1900, p.1206) vadiar é andar de um sítio para outro sem fazer nada, não ter domicílio certo, nem ocupação. O termo era utilizado para nomear indivíduos sem moradia certa e também os que se recusavam

---

12 Crimes em São Paulo. *Catálogo do Arquivo do Estado de São Paulo.* São Paulo: Imesp, 1998. Cap.II, art.2, p.367.

a aceitar normas de trabalho (Mello e Souza, 1990, p.56-8). O vadiar, portanto, está associado à errância e ao ócio e no mais das vezes era utilizado para designar as camadas livres pobres (Fraga Filho, 1996, p.76). É interessante notar que estes termos eram, portanto, mecanismos de prevenção, uma prescrição a qualquer atitude que supostamente perturbasse a tranquilidade pública. Os juízes tinham liberdade de ação total para apontar e inquirir os bêbados por hábito, os mendigos e mulheres de vida fácil e escandalosa. Era uma tentativa de enquadrar esses indivíduos em atividades e comportamentos considerados retilíneos, o que envolvia evidentemente a sobriedade.

Mas o *mot* de todo esse processo era a impotência, por parte dos encarregados de manter a ordem, de cerceá-los nas tramas das relações estabelecidas, como coloca Walter Fraga:

> Era mesmo inquietante que existissem indivíduos que viviam de ocupações temporárias ou que não se submetiam a laços formais de dependência e trabalho.
>
> [...]
>
> Na perspectiva dos pobres livres, o que era considerado vadiagem, ociosidade, preguiça e indolência poderia ser uma forma de não se deixar explorar ou dominar pelas redes de poder senhorial. Os contemporâneos repetidamente se referiram à recusa dos homens livres pobres em fazer as mesmas tarefas de escravos e viam isso como a expressão de preguiça e indolência. Porém, não trabalhar ou, na perspectiva senhorial, "viver em vadiações", podia exatamente significar para os pobres a reafirmação do *status* de livres. (ibidem, p.77-8).

É certo que os pobres livres possuíam um sistema de trabalho forjado na sociedade escravista. No mais das vezes, esses indivíduos traçavam uma linha de fuga da escravidão, recusando trabalhos de escravos e procurando assim afastar-se de serem reduzidos também à condição da servidão.

Por esse quadro traçado, é necessária uma leitura crítica dos discursos preconceituosos dos juízes no decorrer dos processos criminais. É preciso também trazer à tona a fala do outro, quando ele consegue se manifestar,[13] pois os casos são raros, como aconteceu com João Gato, rebatendo ao alferes dizendo: "Não sou escravo de ninguém".

No mais, é certo que João Gato se situava no esteio de toda uma estigmatização em relação ao caráter flutuante de sua existência. Ele estava entre os nômades urbanos, que tinham a peregrinação como condição e subcultura particular de um grupo oscilante, sem eira nem beira, difícil de ser conhecido e controlado, e por isso sofriam na pele a marca dos sem lugar fixo.

Sobre o assunto, Geremek aponta alguns caminhos quando esmiúça os três modelos principais de representação literária do vagamundo, do errante. Embora essas representações variem entre os textos, elas se agrupam em três formatos: a) o mendigo ou vagabundo perigoso, na sua atitude de recusa e aversão ao trabalho e à subalternidade; b) o modelo da personagem ridícula e risível, tonalizando o aspecto cômico do *outsider* que o afasta ainda mais no mundo "normal"; c) o exemplo do homem dirigido por outrem, privado de personalidade própria, que pode sucumbir às más influências e a suas próprias inclinações íntimas malévolas.

Haja vista que os três modelos têm em comum a instabilidade e a debilidade, uma vida sem domicílio fixo, de errância, recusa do trabalho e de uma vida familiar. Disto decorre que a representação negativa do nômade é sempre de perda e falta. Ele é o que *não* tem lugar, *não* acredita no valor do trabalho, *não* respeita os códigos vigentes (Geremek, 1995, p.307).

Palavras de Ordem

Larápio, sem ocupação decente, bêbado, vagabundo, turbulento, vadio: diante dessas páginas rubricadas que se resumem em palavras de ordem, na fala das autoridades que no decorrer do processo constroem um discurso, evidentemente a seu favor, elaborando nas suas práticas alguns jargões, insultos, injúrias

---

13 Nos processos criminais, grande parte dos sujeitos eram analfabetos e não se manifestaram de forma direta. Os seus depoimentos foram colhidos por terceiros e desvirtuados por conta de valores normativos das falas institucionais (Dias, 1984, p.25-6).

e impropérios, a riqueza das discussões muitas vezes é omitida ou reduzida ou até retrabalhada em uma uniformização da alocução.

Mas eram esses os estereótipos e preconceitos, era esse o conjunto de acusações apontadas a João Albino de Oliveira, que atendia pela alcunha de João Gato, filho de Mariana Maria de Jesus, 22 anos, que ora vivia de conduzir cargas dos passageiros que chegavam e seguiam pelas estradas de ferro nas Estações da Luz e do Norte, ora era empregado como moço de cavalariça. Era brasileiro, ora declarava ser morador da Rua Palha, ora na Tabatinguera, Freguesia da Consolação, tendo como sua companhia uma amásia de nome Maria de tal, natural desta capital.

O mapa da delinquência

Uma das moradias declaradas por João Gato no decorrer do processo, como já citado anteriormente, é a Rua da Palha.[14] Nos primeiros anos do século XIX, esse logradouro era constituído por casas humildes, algumas não passando mesmo de casebres, habitadas por gente muito pobre, mulheres da vida e, depois de 1828, também por estudantes da Faculdade de Direito do Largo São Francisco (Bruno, 1991, p.817).[15]

O escritor Pires de Almeida, que estudou na Faculdade de Direito nos idos de 1870, descreve em uma de suas crônicas uma residência localizada nessa via, onde morava sua lavadeira, Chica Prosa:

> Na Rua da Palha ou na da Fôrca, o tipo dêsses pardieiros era quase uniforme: enfileiradas casinhas-taperas de porta e janela, tendo na frente copado algodoeiro, e no quintal, em comum agreste plantação de carrapateiros. No interior, sala de telha-vã com o chão de terra batida; às paredes,

---

14 A Rua da Palha (que em 1865 passou a chamar-se Sete de Abril) foi criada para ligar o morro do Chá ao Largo dos Curros (Praça da República). Anos depois, no começo do século XIX, a população já a chamava de Rua da Palha. Para este nome, a explicação mais aceita refere-se à cobertura (telhado) das casas que existiam nessa rua feita de sapê ou palha, técnica muito comum em áreas rurais (Seção de Logradouros do Arquivo Municipal Washington Luís).

15 Também Seção de Logradouros do Arquivo Municipal Washington Luís.

sebosa candeia de fôlha-de-flandres, e, pendentes, sovadas violas; em continuação à sala, um quarto de taipa, onde dormiam em inconsciente promiscuidade todos quantos ali moravam.

Por única mobília, velhos e desconjuntados bancos e mesa de pinho central; e, no quarto, esteiras constantemente estendidas, vendo-se nelas ou crianças dormindo, ou vadios de papo para o ar, à espera das sobras dos estudantes.[16]

Essa rua modesta era também tradicionalmente um lugar de tabernas,[17] para abastecer etilicamente João Gato, Chica Prosa e outros moradores ilustres, como o beberrão Pepino, o Carvoeiro, um dos arrebanhados que chegaram a São Paulo com roupa do corpo e menos de dez mil--réis, descrito por Miguel Milano como homem muito forte para bebida, e que embora gostasse muito de vinho e cachaça, não se embriagava fácil:

> Pepino, o carvoeiro, de há muito residia na Capital, num cortiço da travessa da Palha [...], quase na rua do Paredão (rua Xavier de Toledo).
> [...] Afável e brincalhão, soube captar as simpatias de todos, principalmente das crianças, e adquirir uma freguesia invejável.
> Gostava de vinho e de cachaça, mas nunca ninguém o viu embriagado. (Milano, p.107)

Outra morada indicada por João é a Rua Tabatinguera.[18] No ano de 1878, o mesmo em que Gato foi preso, essa via possuía também uma boa oferta de lojas de molhados:

> C. de Miranda, Rua da Tabatinguéra, 8.
> F. de Paula Cunha Braga, R. da Tabatinguéra, 58.
> Gertrudes Maria da Conceição, R. da Tabatinguéra, 24.[19]

---

16 Artigo publicado por Pires de Almeida no *Jornal do Comércio* no dia 20 de dezembro de 1903. Posteriormente publicado em livro (Almeida, 1962, p.59-60).

17 Consta no *Almanak da Provincia de São Paulo*, 1857, p.142-3, que já nesse ano havia duas tabernas na Rua da Palha.

18 Nome tradicional em São Paulo, dos primeiros tempos da colonização. Lembra a encosta de barro branco, situada a leste da colina em que se lançaram os primeiros fundamentos da capital (Seção de Logradouros do Arquivo Municipal Washington Luís).

19 *Indicador de São Paulo Administrativo, Judicial, Industrial, Profissional e Comercial para o ano de 1878*, p.211-7.

Figura 11 – Rua Tabatinguera, 1862

Autor: Militão Augusto de Azevedo. Fonte: Acervo Iconográfico da Casa da Imagem/ Museu da Cidade de São Paulo

Figura 12 – Rua Tabatinguera, 1887

Autor: Militão Augusto de Azevedo. Fonte: Acervo Iconográfico da Casa da Imagem/ Museu da Cidade de São Paulo

Quanto ao ofício de João Gato, de carregador de bagagens, junto à Estação da Luz, note-se que a ferrovia foi inaugurada em 1867, mas os funcionários ferroviários estavam na região desde a década de 1850. Também por conta da demanda gerada por essa nova população e pela própria estação despontaram os quiosques. Têm-se notícias de que havia no logradouro um quiosque muito famoso e barulhento (Sant'Anna, 1939, p.41-4), onde carregadores e outros populares costumavam se encostar para tomar uma caninha. Surgiram também as lojas de molhados,[20] os hotéis, as casas de diversão nos arredores, além do bonde, com linha que fazia do Carmo à Luz, inaugurada em 1872 (Oliveira, 2005, p.103).

Sobre a Estação da Estrada de Ferro do Norte, depois Central do Brasil, no Brás, onde Gato também fazia ponto como carregador, sabe-se que foi inaugurada em 1877, para aportar os trens que chegavam do Rio de Janeiro (Schmidt, 1954, p.23). Como todas as estações da estrada de ferro, também abrigava ali um quiosque que, segundo Afonso Schmidt, era concorridíssimo (idem, 2003, p.93). Era também nos arredores dessa estação, fazendo companhia a João Gato, que se instalava a "escória do *bas-fond*", das prostitutas famosas do Brás, que prestavam serviços a preços módicos aos interioranos recém-chegados (Rago, 1991, p.56).

A fuga

Voltando ao processo por embriaguez de João Gato, sua condução passa por um revés. Depois de tantas acusações das testemunhas sobre o comportamento, investigações sobre os lugares frequentados e indícios de culpa por bebedice, gatunagem, vadiagem e turbulência, o réu é intimado, bem como as testemunhas, a assistir ao processo e depor.[21] João Gato entretanto desaparece pelas ruas e telhados.

---

20 *Indicador de São Paulo Administrativo, Judicial, Industrial, Profissional e Comercial para o ano de 1878*, p.211-7.
21 Processo criminal, N. de ordem 3966, Notação, 1220, (Rolo 079), Autuação 1878, Início do processo: Subdelegado da Freguezia de Santa Ifigênia, Fls.19.

O escrivão Miguel Luso da Silva relata sua aflição diante da procura pelo indiciado errante, por diversas vezes, em vão:

> Certifico eu Escrivão da Subdelegacia de Policia, desta Freguezia, que em virtude do despacho ultimo, exarado nos prezentes autos, do Meritíssimo Subdelegado de Policia, Doutor Camillo Gavião Peixoto, procurei por muitas vezes o indiciado nestes autos João Albino de Oliveira, para intimar do despacho retro, e não sendo-me possível encaminhal-o, por ser o mesmo vagabundo, passo esta certidão para constar. O que verifico é verdade do que dou fé. Santa Ephigenia, 3 de junho de 1878. Escrivão Miguel Luso da Silva.[22]

Na impossibilidade de localização do fugitivo vagamundo, os autos foram feitos conclusos pelo subdelegado de polícia, doutor Camilo Gavião Peixoto. Foi assim que desistiram do João Gato. Entretanto, essa não era a tônica geral dos processos por embriaguez. Quase todos contam com os guardas que efetuaram as prisões como testemunhas de acusação. Salvo em raríssimos casos, eram condenados a assinar o termo de bem viver ou a três meses de prisão, sem muitas chances de defesa.

Os réus são os deserdados da cidade de São Paulo dos oitocentos: pessoas com ocupações incertas, negros forros, imigrantes e brasileiros pobres, pessoas do povo que se reuniam nas vendas para beber cachaça ou vinho barato. Dentre os personagens envolvidos nos processos criminais por embriaguez localizados, cito alguns exemplos: Zulmira de Augusta de Moura e Almeida, 27 anos, solteira, vivia de costura, portuguesa, nascida na cidade do Porto; Manoel Zeferino da Costa, 30 anos, solteiro, roceiro, ignorava o nome de seus pais, servente de pedreiro, natural da Costa d'África, Moçambique; José Stacione, natural da Itália, 40 anos, solteiro, nascido na cidade de Turim, ferreiro; Felizarda Pimenta, filha de Luiza e Vicente Pimenta, escravos que foram da família Pimenta, 25 anos, solteira, serviço doméstico, brasileira, nascida nesta cidade; Constância Maria da Trindade, 17 anos, casada, lavadeira, filha de Francisco Brazilio e Maria d'Assumpção

---

22 Processo criminal, N. de ordem 3966, Notação, 1220, (Rolo 079), Autuação 1878, Início do processo: Subdelegado da Freguezia de Santa Ifigênia, Fls.20.

Brazilio, nasceu na cidade de São Paulo, morava na rua do Quartel; Eufrazia Maria de Jesus, ignorava o nome dos pais, 35 anos, solteira, sem ocupação, brasileira, nascida nesta capital; Joaquim de Souza, filho de José Antônio de Souza, 29 anos, solteiro, padeiro, português, nascido em Braga; João Schultz, 48 anos, casado, carpinteiro, natural da Suíça; Frederico Revalis, filho de pais incógnitos, 40 anos, solteiro, norte-americano, nascido em Nova Iorque.

Trata-se de um perfil da população motivada pelas campanhas abolicionistas, pela presença de escravos amotinados, negros fugidos e o aumento do número de forros. A partir de meados do século XIX os imigrantes pobres passam também a protagonizar os processos criminais. Esse grupo é apontado como o causador da turbulência, da desordem e do desequilíbrio no espaço público.

Mas João Gato, errático, não era fácil de ser capturado. Ele desenhava um mapa particular. Seus passos em falso e tropeços pela cidade formam uma cartografia que começa ao rés do chão. Seus itinerários e fugas criam e compõem espaços e lugares de uma cidade outra.

O ato de caminhar e evadir-se – entre endereços, estações, trabalhos – é também uma forma de falar, posto que se trata de um processo de apropriação do sistema topográfico, do mesmo jeito que o locutor se apropria e assume a língua. Ou seja, o desenho traçado por João Gato é uma realização espacial do lugar. Se existe uma ordem do espaço ou uma intenção dela, João Albino de Oliveira a atualiza, a desloca e inventa outras, com as idas e vindas, os câmbios e improvisações que pode escolher ou aporta elementos e alterações espaciais (Certeau, 1994, p.177-8). Por meio desse andarilho bêbado é possível perceber, por exemplo, outra Estação da Luz, para além daquela construção que se tornou o símbolo da metrópole do café e dos fazendeiros, retratada por Guilherme Gaensly. A Estação da Luz de João Gato é aquela dos carregadores sentados ao chão de uma foto de Vincenzo Pastore,[23] dos quiosques, das tascas. Sua cidade também é outra: a das famosas lojas de molhados da Tabatinguera e a dos casebres e tabernas da Rua da Palha, onde também se apinhavam a lavadeira Chica Prosa e o cachaceiro Pepino Carvoeiro.

---

23 Sobre as fotos de Vincenzo Pastore, ver: Instituto Moreira Salles, 1997.

Ao fugir de um lugar para outro João Gato cria um mapa-texto num processo de reapropriação do espaço atravessado e seduzido. E a errância, a falta de lugar que é o caminhar, vista de maneira tão pejorativa pelas autoridades policiais, pode ser enxergada do avesso, recheada de deslocamentos, deportações, exílios, mas não deixa de ser experiência, amálgama, mosaico de microrrelatos, na formação do tecido urbano (Certeau, 1994, p.182-3).

Mas é também um mapa-relato da delinquência, do deslocamento de quem vive à margem, nas interseções dos códigos que esse personagem esgarça e subverte para escapar do alinhamento disciplinar. Ele anda, com sua pequena garrafa de aguardente no bolso, bebe, confronta, responde ao juiz, à autoridade policial, impõe sua presença, deserta.

Mapa da delinquência (segundo ato)

É preciso retomar aqui o mapa da delinquência de outro personagem que se tornou conhecido por toda a boemia popular de São Paulo, pelos anos de 1896 e 1897. Todas as noites, logo depois do toque de silêncio na esplanada do Carmo, Cunegundes cruzava o Largo do Rosário, interrompendo a caminhada, pressentindo conhecidos entre as rodas dos rapazes. Quando não encontrava qualquer amigo, entrava na Confeitaria Castelões, passando por entre as mesas de libadores, e se acomodava no fundo do estabelecimento. No que rasgava o recinto, sempre algum companheiro gritava ao garçom: "Chope e sanduíches para o Cunegundes".

Descia então a ladeira de São João e entrava no Polytheama, sem pagar ingressos, sem prestar satisfação aos porteiros. Passava entre a plateia, para ter com um ou outro, sempre bem recebido e celebrado. Quando o espetáculo terminava, lá pela meia-noite, corria à frente de todos e se postava diante da porta, no meio do passeio, onde recebia saudações de todos. Ainda sem sono, corria para os cafés-concerto, para o Eldorado, ou para o Cabaré do Sapo Morto, clube no qual foi inscrito com honras de sócio fundador. Com fama de glutão, sua dieta básica era constituída de cervejas, das quais era sofisticado degustador.

Só não se dava com cachorros. Depois de determinado horário, era fácil encontrar Cunegundes já bastante embriagado, implicando com vira-latas, cocheiros, guardas-noturnos, varredores. Não importava o desenrolar da noite, sua esbórnia sempre terminava em algum bafafá na Rua da Esperança, claro. Depois desaparecia num passe de mágica. Ninguém jamais conheceu o endereço de sua morada. O que se sabe é que Cunegundes pernoitou durante muitas luas na tipografia do jornal *O Boi*, que o militante anarquista Edgard Leuenroth mantinha com a ajuda de outros rapazes, num casebre da Rua Domitila. Chegava cambaleando de ébrio, todo desmantelado da noite passada e das confusões em que se metia; acomodava-se debaixo dos caixões de tipos, onde desfalecia até o começo da tarde. Quando a tipografia fechava, sem sequer agradecer, saía para a farra, aos trancos e bocejos. Cunegundes era um cachorro. Mas quando faleceu, por consequência da vida boêmia e descomedida, deixou muitas saudades, e muitos jornais dedicaram-lhe necrológicos e sonetos.[24]

Se Cunegundes é bicho gente, João Gato é gente bicho. Se Cunegundes incorpora as potências humanas para os hábitos da boêmia e do *bas-fond*, João Gato, o homem gato, veste – do mesmo jeito que o mergulhador usa o escafandro para virar um pouco peixe – as potências da liberdade do bicho felino, esse animal de simbolismo heterogêneo, que oscila entre a doçura e a dissimulação, o mau augúrio e a esperteza, a malícia e a ponderação. Alguns acreditam que tem sete vidas, que seu sangue escreve palavras encantatórias (Chevalier; Gheerbrant, 1997, p.461-3). É verdade também que aqui no Brasil sua pele foi utilizada para confeccionar os melhores tamborins. A vida era muito perigosa para João Gato, porque cada encontro lançava o risco de dilatar uma potência: ele podia sair para a cidade como um leão, virar Cunegundes ou até um rato. E ao que tudo indica, parece que foi o que aconteceu num lapso de vacilo e distração: João Gato morreu por ferimento de arma branca numa peleja de botequim. Dizem também que ele tinha os olhos rasgados e oblíquos, como os de um gato. É o que dizem...

---

24 A história de Cunegundes é baseada em crônica de Afonso Schmidt (1954, p.75-6).

7
Entre o palhaço e o equilibrista: vocabulários de expressão iconográfica da embriaguez

O caminho do excesso leva ao palácio da sabedoria.

William Blake

Não chores ó belo bobo do rei
Pega esta cabeça em vez do chocalho e dança

Guilhaume Apollinaire

Uma máscara pegada à cara

O corpo de um bêbado é um arquivo de sentidos. Cada sinal de embriaguez imprime toda uma cultura gestual dos hábitos e efeitos do beber e seus territórios, bem como carrega consigo todo um vocabulário de expressão iconográfica que pode ser considerado um saber acumulado.

Faz parte desse acervo a imagem a seguir, referente à festa de Nossa Senhora da Penha, realizada no mês de outubro, costume bastante mobilizador no decorrer do século XIX, tanto no Rio de Janeiro quanto em São Paulo. Trata-se de uma tradição local reminiscente dos costumes portugueses. A presença dos imigrantes lusos nessas festas era acentuada (Lima, 1963, p.542). A representação, sem dúvida, denota um extremo preconceito em relação ao imigrante português das camadas mais pobres, pelo caráter mais pagão do que católico, no apelo ao chifre chapeado de prata utilizado para carregar sobretudo vinho verde. Esse pesado chifre servia para transporte, e como é visto na imagem, como copo de "entorno". Além disso, o desenhista retoma um vocabulário de expressão muito mais amplo do que os costumes circunscritos num determinado espaço-tempo: a rapariga de pernas ao léu e olhos fechados, já na necessidade de concentração dos movimentos para não perder o equilíbrio, a silhueta encurvada do homem, com toda a atenção voltada ao seu chifre, por questões óbvias, nariz e rosto intumescidos.

Figura 13 – Representação dos festejos de Nossa Senhora da Penha

BIBA A PENHA E MALO O MEU CHIFRE

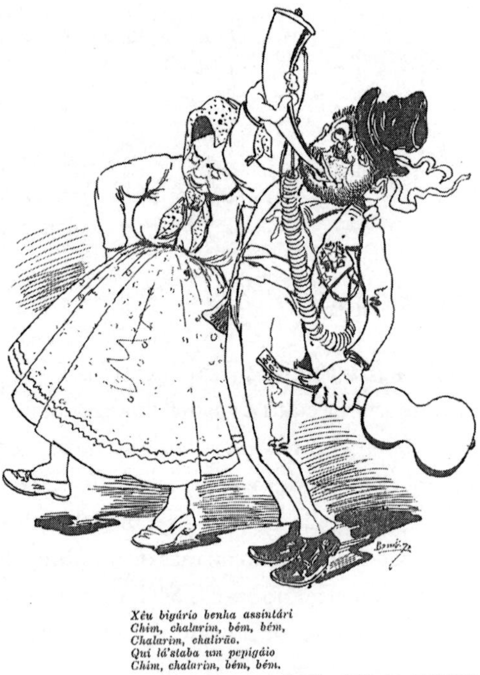

Xêu bigário benha assintári
Chim, chalarim, bém, bém,
Chalarim, chalirão.
Qui lá'staba um pepigáio
Chim, chalarim, bém, bém.

Bambino. *O Mercúrio* (4-10-1898).

Autor: Bambino, *O Mercúrio*, 4 out. 1898. Fonte: Fundação Biblioteca Nacional

Todo esse repertório iconográfico acerca dos gestuais da embriaguez presentes nessa imagem invoca um contorno da representação da ebriedade como elemento reconhecível, a começar pelas cenas de embriaguez de Noé, passando pelos Bacos de Caravaggio, chegando às figuras derrubadas pelo absinto de Toulouse-Lautrec e Picasso. A construção desse repertório, amplo e disseminado, tem uma história. Quando se contrapõe o uso do álcool como socializado ao uso de outras drogas, parece manifesto que o beber não é apenas lícito, mas está inscrito como uma forma de interação social. No contraponto, as outras maneiras de intoxicação proscritas por leis, e justamente por conta disso, são mais marginais e seus usos mais subterrâneos.

Por essa mesma razão, o espetáculo da embriaguez é mais facilmente reconhecível no cenário do espaço público. O bêbado é um personagem social à parte, absolutamente distinguível. A saber, qualquer indivíduo de andar cambaleante, incapaz de seguir linhas retas da via pública, falando, dançando ou cantando com empolgação demasiada, é o suficiente para o cruzamento de olhares cúmplices e trocas de palavras do tom: "é a manguaça", "tomou a água que passarinho não bebe", "o que a cachaça não faz" e assim por diante. A embriaguez provocada pelo álcool alardeia uma exibição descarada, quase ordinária, recorrente.

Da mesma maneira, o adicto de drogas não possui um espaço social para entorpecimento, um equivalente do botequim ou da taverna. Ou seja, ele não tem como exibir publicamente seus gestos, rituais, canções e palavrórios. O bêbado, sim, tem um lugar de crença nos hábitos do beber e do brindar.

Disto decorre que as práticas das toxionomias, escondidas numa cidade furtiva e recôndita, não rendem qualquer canção de escárnio ou caricatura. Sobre o mundo clandestino das drogas, Thomas de Quincey (1982) foi um dos primeiros a expor o uso de uma droga ilícita num intenso testemunho autobiográfico. Sobre o mesmo assunto Jean Cocteau publicou *Ópio, diário de uma desintoxicação* (1985). Trata-se de um apanhado de desenhos e notas feitos durante a estadia do escritor na clínica de Saint-Cloud, no ano de 1929. Cocteau não aborrece ninguém com teses. Ele aspira o mundo através de um cachimbo mágico, onde estão ingredientes dos devaneios, metaboliza-o em suas células do delírio, para depois nos devolver suas impressões em forma de poesia verbal e plástica.

É um relato de desintoxicação, hipoteticamente as etapas de passagem de um estado considerado anormal para outro normal. É o que diria a promotoria pública ao se manifestar. Mas trata-se de gritos de sofrimento de um paciente que rejeita a desintoxicação de uma droga que ele venera e cujo uso voltado para o prazer é considerado tabu.

Ao largo desses testemunhos, falta às outras substâncias psicotrópicas um correspondente do vinho e sua cultura, por exemplo (nesse caso, uma bebida de identificação cultural de toda uma civilização latina que contorna o Mediterrâneo). O brinde de *saúde* com um copo de vinho sustentado e a significação de tal gesto traz a essa bebida um decoro cultural que salva, de certa forma, o seu bebedor. A estigmatização e a maculação médica e social do álcool engendrada a partir do final do século XVIII e começo do XIX não abate nem de longe o peso simbólico do vinho (Nahoum-Grappe, 2004, p.163).

É certo que, ainda que o universo dos psicotrópicos seja submetido aos proibicionismos, ele tem sim um mundo social, cultural, econômico, com regras de jogo e ritos de uso. Entretanto, é uma história menos demarcada, posto que são práticas menos visíveis do que as do *beber* (ibidem, p.164).

À parte todas essas distinções entre as drogas ilícitas e as bebidas alcoólicas, segundo as leis da moral e dos bons costumes, o fim do alcoólatra e do toxicômano é sempre o mesmo: a perda dos brios, da dignidade, do equilíbrio, da família, de si. A lição é moral e o tema é a queda.

É claro que essa adjetivação de uma "sociabilidade" e a permissividade do beber, esse caminho entre a moderação e a indignidade do bêbado é turvo e farpado. É a partir daí que se pode discorrer sobre as representações iconográficas do uso das bebidas alcoólicas.

Mas voltando aos aspectos de uma prática socialmente discernível, que é a do beber e da existência de um repertório espraiado sobre os gestos da embriaguez: até uma criança conhece o significado de um copo alçado no alto e um brado de "saúde". Os gestos da embriaguez são mais identificáveis porque o bêbado é exposto no seu exagero.

E pelo menos para o discurso da ciência todas as condutas de desmesura são patológicas, *versus* o que quis dizer William Blake (2001, p.25) quando escreveu que "o caminho do excesso leva ao palácio da sabedoria". Esse verso carrega uma força didática: é preciso conhecer a extravagância para saber de seus limites. Nunca se compreenderá o que é demais para si, se não se perceber o que é mais do que demais. Ou seja, para distinguir o excesso é preciso tocá-lo, experimentá-lo, consumá-lo, chegar à sua fronteira.

Já o discurso médico não está preocupado com isso: qualquer que seja a idade, o vinho deve ser tomado com moderação, diz o médico Pedro Chernoviz (1862, v.3, p.612), cujo dicionário foi largamente utilizado no Brasil. Nas falas médicas, a expressão dos sintomas patológicos da destemperança variam conforme o contexto social e histórico, e essa história é longa, mas o que convém é sempre a moderação. Dizer "não, obrigado", é distinto, refinado e mais confiável do que pedir mais. Comer e beber menos fazem bem ao corpo e à alma. Trata-se de um projeto asséptico e estético legitimado em uma teoria organizada. A atitude do rechaço é mais digna do que a da voracidade.

Essa postura da moderação é moderna. O juízo do comedimento e do controle de si assim formatado só surge no século XVIII. Comer e beber moderadamente até esse período, nas sociedades de escassez, era impossível. Comia-se e bebia-se quando surgia a oportunidade. A ideia do excesso surge no contexto de uma sociedade de consumo e torna-se um problema. E mais: muitas das vezes o exagero fala pelo consumo e essa é uma questão levada ao limite para além da sociedade contemporânea. O herói não é bulímico, ele é anoréxico. A demasia (no beber e no comer) pressupõe debilidade. Menos é mais. O descontrole e a glutonaria são negativos em uma cultura que tende a tomar como prerrogativa o controle de si como valor. Esse modelo social do desmedido como impostura está fortemente trilhado na construção social de imagens dos bêbados como espantalhos usando máscaras grotescas.

A cena de embriaguez é escancarada porque está inserida em vários níveis em nossa história cultural: a euforia provocada pela bebida é o modelo mais discernível de toda experiência psicotrópica. Ela pode entornar para um espetáculo público. Ninguém escapa pelo menos uma vez na vida da experiência da imoderação do uso de alcoóis, ao menos como expectador – do mesmo modo ninguém recebe em casa oferecendo água como única bebida.

Os sinais do corpo em ocasião da bebedice – narizes vermelhos, vociferações, linguagem imprópria, vestimenta descomposta, cabelo despenteado, gorro ou chapéu amassado, postura inclinada ou caída, pés levantados, assimetrias corporais ressaltadas – formam um arranjo declarado da má conduta.

Figura 14 – A imagem sintetiza todos os passos da embriaguez: dos lampejos afetuosos do início, o cambalear, a perda de equilíbrio e o ajaezar no chão (à esquerda)

O Cemiterio da Consolação no dia de finados.

Autor: Ângelo Agostini, *O Cabrião*, 4 nov. 1866. Fundação Biblioteca Nacional

O riso do bebedor e o espetáculo de sua borracheira são simetricamente correspondentes à sua ruína e infâmia. A degradação social é sempre legível no corpo. Os sintomas e as definições da embriaguez dão ênfase às realidades orgânicas tomadas como degradantes, como é o trato de Chernoviz em seu *Diccionario de Medicina Popular* (1862, v.2, p.124-7):

Tomadas com menor reserva ou com excesso, as bebidas alcoolicas produzem uma agitação physica e moral mui grande, que se manifesta por gritos, cantos e uma alegria extravagante, ou disposição para brigar. O homem perde toda a razão. Os movimentos musculares, que erão firmes, tornão-se irregulares, a lingua parece pesada, e as palavras são imperfeitamente articuladas. É o segundo gráo da embriaguez.

No terceiro gráo da embriaguez é acompanhada d'uma congestão cerebral mais ou menos consideravel; o pulso torna-se lento, a respiração roncante; o corpo, que já cambaleava, não se póde suster, ainda estando o individuo sentado; os olhos fechão-se, a voz desapparece, succedendo um somno tão profundo, que póde até levar á morte.

Tem-se visto pessoas que, por haverem bebido d'uma só vez, por desafio ou por basofia, uma ou algumas garrafas de caxaça ou d'aguardente de França, succumbírão quase immediatamente depois destas condemnaveis provas.

Taes são os caracteres geraes da embriaguez; mas elles varião frequentemente d'uma maneira mui notavel. Por exemplo, certos individuos, que se tornão tristes e taciturnos á medida que se vão embriagando, acabão por experimentar um verdadeiro accesso de melancolia. Outros mostrão furor acompanhado de movimentos convulsivos, experimentão uma especie de delirio, chamado delírio nervoso (...). Uns tornão-se pallidos; outros, pelo contrario, tem o rosto animado. Muitos desatão em gargalhadas e ficão muito divertidos.

O costume de embriagar-se occasiona accidentes mais ou menos graves, e tanto mais promptamente funestos quanto mais fortes são as bebidas. Assim vê-se, no fim d'algum tempo, os que se embebedão com caxaça emmagrecer, perder pouco a pouco o appetite e as forças, e experimentar, pelo effeito da alteração dos principaes orgãos do ventre, primeiramente a inchação das pernas, e depois uma hydropisia geral, que é sempre seguida de morte. Aquelle que se embebeda com cerveja limita-se a engordar immoderadamente, e a cahir n'um estado habitual de entorpecimento. O bebado por abuso de vinho também engorda ordinariamente, bem que em grão menor, e experimenta um enfraquecimento notavel das faculdades intellectuaes, que o torna incapaz de qualquer occupação um pouco elevada.

[....]

Em limites restrictos, o costume enfraquece a acção das bebidas fermentadas sobre os nervos, e póde-se beber uma grande quantidade sem perder a razão. Quando, pelo contrario, a embriaguez é quasi habitual, bastão pequenas quantidades de vinho ou de licor para embebedar; este estado, designado sob o nome de bebedice, occasiona tão grandes modificações no rosto e no olhar, que basta um simples exame para se conhecer immediatamente uma pessoa entregue a esse funesto costume que, neste gráo, torna-se uma paixão invencivel.

Agitação física e moral, amolecimento dos músculos, congestão cerebral, melancolia ou alegria extravagantes, paixão invencível: essa alocução do médico Chernoviz é quase uma composição dos signos gráficos da embriaguez, que cotejam o ébrio com o distraído, o doente ou o louco. Os gestos do emborrachado convergem para um relaxamento do corpo e perda da fisionomia. É como se o seu rosto vestisse uma máscara de carnaval e quando quisesse tirá-la, "ela estivesse pegada à cara" como disse Fernando Pessoa (1983, p.108). A boca aberta e as feições distorcidas compõem uma caricatura. A voz cada vez mais pastosa e palavras cada vez menos inteligíveis, língua enrolada, mobilidade gestual e do caminhar cada vez mais lenta e descarregada. Os sóbrios e autores das cartilhas dos ensinamentos dos bons costumes chamariam a cena de um abandono de si mesmo que beira o indecoroso. No mesmo poema, *A tabacaria*, Fernando Pessoa empresta esse fim: o personagem dorme no vestiário, "como um cão tolerado pela gerência" (ibidem, p.109). É exatamente essa entrega ao sono profundo o terceiro grau de embriaguez de que fala Chernoviz.

Do bonachão à anticonduta

Essa reapropriação da imagem do bêbado bonachão pela ciência e sua transformação em cartilha da anticonduta é um ponto de inflexão envolvido num amálgama de clivagens, que culmina nos pensamentos sobre a saúde e a moral do século XIX.

Figura 15 – *Cartilha de hygiene para uso das escolas primárias*

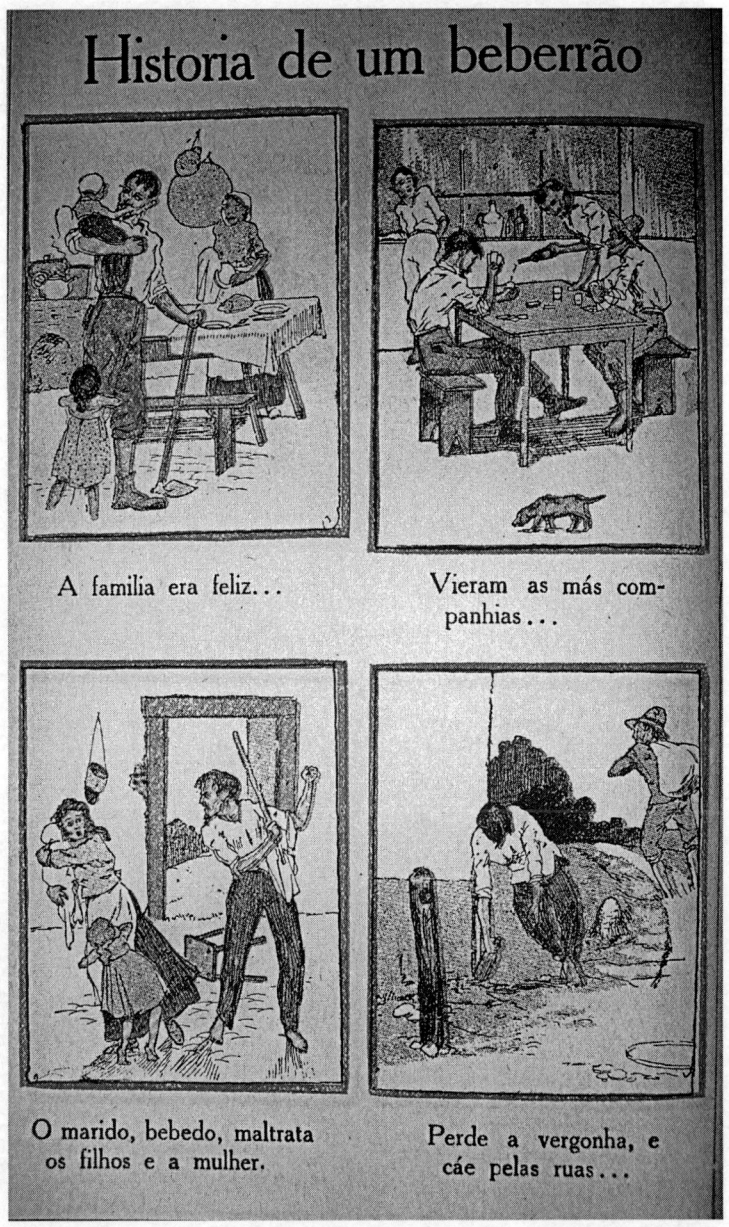

Fonte: Instituto de Higiene, 1923, p.24. Centro de Memória da Faculdade de Saúde Pública.

Figura 16 – *Cartilha de hygiene para uso das escolas primárias*

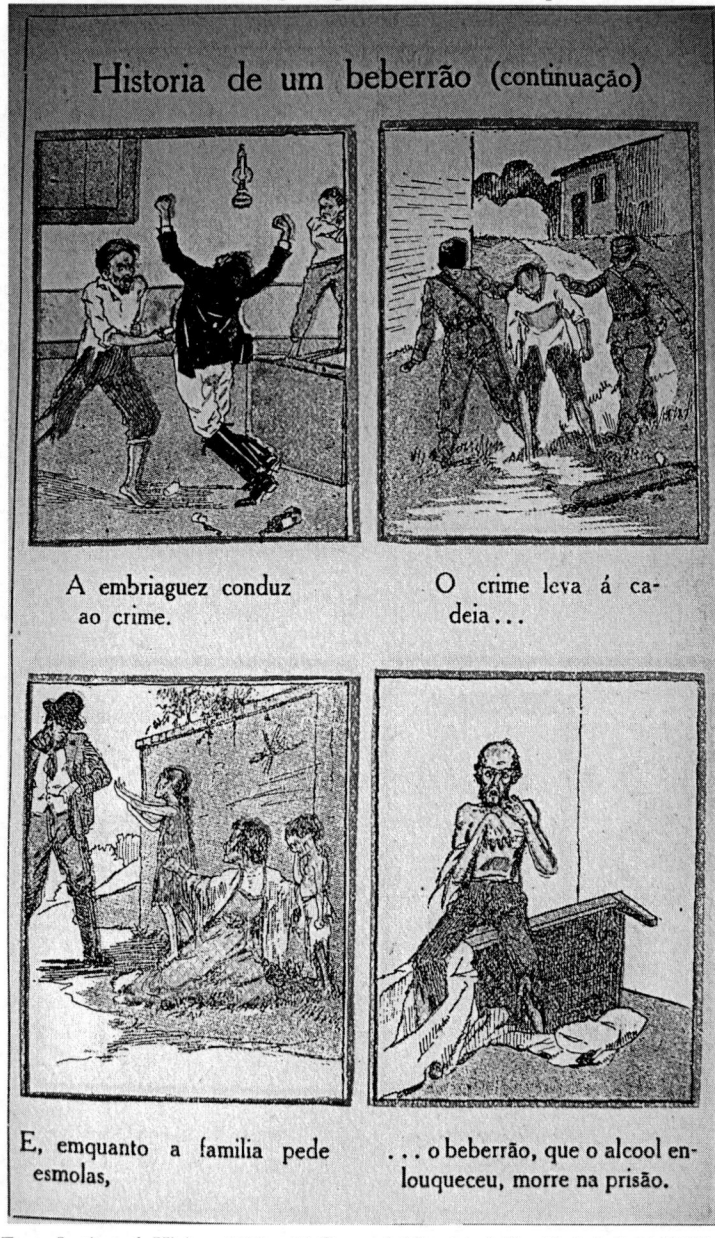

Fonte: Instituto de Higiene, 1923, p.25. Centro de Memória da Faculdade de Saúde Pública

No que tange à tomada da iconografia do bêbado pelo discurso moralizante da ciência no Brasil e mais especificamente em São Paulo, as imagens apresentadas são extremamente pertinentes. Estão circunscritas numa publicação do Instituto de Higiene, criado durante a gestão do médico sanitarista Geraldo de Paula Souza, quando estava à frente do Serviço Sanitário do Estado de São Paulo (1922-1927). Essa entidade autônoma e independente, fundada com recursos gerados pela parceria com a Fundação Rockfeller,[1] fazia parte de uma

---

1 A Fundação Rockfeller inaugurou e foi ponto de referência de um campo de atuação denominado filantropia científica, que pode ser definido, em linhas gerais, como a destinação de recursos privados para a produção de conhecimento científico. Criada no ano de 1913, desde o início toma como área de ação prioritária a saúde pública. Sua criação entretanto não marca o início de investimentos dessa família milionária na saúde pública, posto que desde 1909 a Comissão Sanitária Rockfeller mantinha programas de combate à ancilostomose, no sul dos Estados Unidos. Visando dar continuidade a tais programas e, ao mesmo tempo, estendê-los a outras regiões, essa comissão é transformada em 7 de junho de 1913 em Comissão Sanitária Internacional, passando a denominar-se Junta Internacional de Saúde, no período de 1916 a 1927, quando, em função da ampliação das atividades da Fundação, converte-se na Divisão Sanitária Internacional. Em 1915 a Fundação Rockfeller envia missão para a América Latina a fim de realizar estudos na área de Saúde Pública. Um ano depois retornam duas novas comissões, mais especificamente para o Equador, Peru, Venezuela, Colômbia e Brasil, com o objetivo de estabelecer contatos para atuação na região nas áreas de saúde pública e ensino médico. A primeira comissão centrou-se na introdução de um programa de combate a doenças endêmicas; a segunda visava identificar centros de ensino médico dispostos a introduzir, com o apoio da Fundação, disciplinas de higiene e saúde, para treinar pessoal atuante na prevenção e campanhas de saúde pública. Nesse mesmo ano foram estabelecidos os primeiros contatos com a então recém-criada Faculdade de Medicina e Cirurgia de São Paulo, iniciando um processo de introdução do modelo da Rockfeller na primeira escola médica da América Latina. A comissão recomendou a Arnaldo Vieira de Carvalho, diretor da Faculdade de Medicina, o envio de documento à Fundação, solicitando o apoio desta para a criação de uma cadeira de higiene para a faculdade. Em 1918, a Fundação Rockfeller assina acordo com o governo do estado de São Paulo, tendo em vista o provimento da cadeira de Higiene da Faculdade de Medicina e Cirurgia. Nesse mesmo ano ocorre a criação, junto à cadeira de Higiene da Faculdade de Medicina da USP, do Laboratório de Higiene. Esse Laboratório, também gerenciado pelo convênio firmado entre o governo do estado de São Paulo e a Fundação Rockfeller, traçaria as bases do ensino da Higiene no país e originou a Faculdade de Saúde Pública. Posteriormente é criado o Instituto de Higiene, também sob acordo com a Fundação Rockfeller.

nova proposta de abordagem dos problemas urbanos, que envolvia a adoção do Sistema de Educação Sanitária.

No Brasil, com a Proclamação da República, começa-se a refletir acerca de uma nova cidade. Tanto no campo da medicina quanto no da engenharia, introduz-se uma nova especialidade: o sanitarista. Médicos e engenheiros sanitaristas continuam debatendo sobre temas ligados à higiene, mas permeados por uma nova metodologia de trabalho. Se no decorrer do século XIX houve certo controle do combate às moléstias, por conta dos avanços gerados pela microbiologia, nesse segundo momento constatava-se que os habitantes não haviam adquirido hábitos saudáveis para viver dentro das cidades. Ou seja, a partir de então era a educação sanitária da população, disseminando normas para viver higienicamente e com saúde dentro do espaço urbano, que aflora com novas preocupações, mais numerosas, e novas sensibilidades. Dentro desse contexto, é reiterada a força do trabalho do higienista, cuja missão é "convencer, alertar".

Há, de todo modo, um precedente nessa normatização médica da vida e dos costumes ocorrida no Brasil no decorrer dos séculos XIX e XX, que se operou de maneira imbricada com o desenvolvimento urbano e a criação do Estado Nacional.

O período joanino foi o estopim desse processo. A chegada da corte criou novas demandas e hábitos de consumo, lazer, higiene e moradia, sobretudo sob influência da capital, Rio de Janeiro, que foi adentrada por novos tipos sociais: aristocratas portugueses, comerciantes, políticos, diplomatas, literatos, artistas. Por conta dessas transformações, essa época foi o marco de uma nova proposta de gerenciamento da cidade e de urbanização da família.

Depois da abdicação, entretanto, o poder central chegou à conclusão de que não bastava urbanizar a família, mas também era necessário estatizar os indivíduos. Decretos e leis não davam conta da administração dos afetos e comportamentos íntimos. Foi então que as técnicas disciplinares passaram a assumir o primeiro foco da cena urbana e política. O sucesso da higiene é signo de uma revisão estratégica. Ela coincide com a ascensão do Estado Nacional.

No ano de 1829 foi fundada a Sociedade de Medicina e Cirurgia do Rio de Janeiro, numa clara tentativa da classe médica de impor-se junto ao poder central como elemento essencial para a proteção da saúde pública. Em 1851, o Estado criou a Junta Central de Higiene Pública, reiteração da participação da higiene nos cuidados da população (Costa, 1989, p.56-7).

O instrumental médico agiu na política de transformação compensando as deficiências da lei. O governo estatal dos indivíduos não podia realizar-se apenas por meios legais por vários motivos, a saber: a) os erros da administração portuguesa não poderiam ser repisados e isto significava que as "incursões piratas" à propriedade privada e à seara individual deveriam ser evitadas dentro dos limites do possível; b) a legalidade jurídica não dava conta de adentrar a intimidade do convívio da família; c) os meios jurídicos legais não possuíam agentes suficientes para exercer a vigilância e a disciplina; d) a justiça não tinha competência para criar mecanismos de prazer que seduzissem as famílias (ibidem, p.62-3).

Dentro desse contexto, a resposta da medicina foi a higiene, a proposta de desenvolvimento de uma nova moral de vida, do corpo e dos sentimentos, como analisa Jurandir Freire Costa (1989, p.63-4):

> Desenvolvendo uma nova moral da vida e do corpo, a medicina contornou as vicissitudes da lei, classificando as condutas lesa-Estado como antinaturais e anormais. Todo o trabalho de persuasão higiênica desenvolvido no séc. XIX vai ser montado sobre a idéia de que a saúde e a prosperidade da família dependem de sua sujeição ao estado.
>
> Bem entendido, esta não foi a única meta dos higienistas. Como já afirmamos e procuraremos demonstrar, a conversão do universo familiar à ordem urbana foi um dos seus objetivos fundamentais. A maioria das prescrições higiênicas visavam a essa "reeuropeização" dos costumes. Mas, essa reurbanização da família não poderia deter-se na fronteira da cidade. A família reurbanizada estava incluída na estratégia de "nacionalização".
>
> Os trabalhos médicos sobre a higiene mostram como, no nível do saber, essa troca de favores entre medicina e Estado foi teorizada. Um mesmo eixo lógico orientava todos eles. De início, o fenômeno físico, cultural ou emocional era aspirado e convertido em fato médico e, em seguida,

reinjetado no tecido social conforme a articulação prevista. Desta forma, o repertório de sentimentos e conduta antes administrado pela família era encampado pela medicina e, através dela, devolvido ao controle estatal.

O advento da *higiene* foi a transformação dos males físicos em males morais. As técnicas da nova ordem exigiam a criação de novos hábitos e de uma ortopedia moral. As antigas dicotomias entre bem e mal, certo e errado, do pecado e da graça já não davam conta da ânsia do controle microscópico e detalhado. O olhar médico – e só ele conhecia esse caminho tortuoso – se estendia do corpo ao sentimento, às paixões desordenadas, à embriaguez (ibidem, p.138, 146 e 198).

É no quadro dessa nova didática que estão inseridas as duas imagens já mostradas, que dão conta de uma história em quadrinhos na qual uma família feliz é desmoronada. O primeiro passo da queda é a convivência com más companhias, no espaço do botequim. A bebida provoca violência, a perda da vergonha, o crime, a cadeia, a miséria, a loucura. Toda a trajetória iconográfica exibe um ébrio ora alterado, ora afligido por um relaxamento muscular corporal fora de controle. A mesma cartilha apresenta formas de domínio de moléstias como a febre tifoide, os cuidados com a alimentação, o repúdio aos excessos, à pimenta e outros temperos fortes, coisas muito quentes ou geladas. O vinho, a cerveja, os licores são tocados como venenos (Instituto de Higiene, 1923, p.17, 23 e 36):

> O álcool ataca o estomago, os intestinos, o fígado, os rins, o coração.
> O álcool ataca os nervos e a cabeça, produzindo a loucura.
> Quem bebe, escolhe entre três caminhos: a cadeia, o hospital, o azylo de loucos.
> O beberrão envergonha e empobrece a família.
> O filho do beberrão nasce fraco e doentio, quando não nasce idiota.
> (ibidem, p.23)

Essa pedagogia antialcoólica faz parte de um novo projeto de domesticação das classes menos favorecidas, que se estabelece sobretudo nas primeiras décadas do século XX no Brasil. Numa tentativa de controle no interior da caserna, da escola, da habitação, as classes dominantes desenvolveram estratégias de disciplinarização e "moralização" dos mais pobres.

As bebidas espirituosas, o fumo e os exageros são sistematicamente reprimidos. O álcool é visto mais uma vez como elemento de degradação física e moral. Nesse projeto de polimento e educação, o botequim popular é focado como uma instituição ameaçadora dos alicerces dos bons costumes, já que é a moradia do vício e da transgressão. A vigilância ocorria enfim em todos os espaços de sociabilidade: moradia, escola dos filhos, armazém, igreja, teatro.

Essa cartilha antibeberrão, publicada pelo Instituto de Higiene e distribuída para as mães de alunos em escolas primárias, toca em dois alvos: a criança e a mulher, já que é a esta última que cabe a vigília moral do lar, impedindo doenças e desvios, garantindo a "saúde" e o controle de uma camada mais desprovida que tinha de estar preparada para o trabalho. Segundo o discurso médico do período, desde pequena a criança deveria ser constantemente vigiada, evitar bebidas espirituosas e praticar esportes (Rago, 1985, p.74-5). Daí todo o receituário composto nessa cartilha, alertando sobre os perigos do álcool e todos os descaminhos por ele desencadeados.

O corpo é um alambique

De todo modo, importa reforçar que se percebe nitidamente uma inversão do tom da representação: o tal protagonista de diabruras, divertido, de gestos e vozes expandidas, passa a ser desenhado como o alcoólatra macilento, taciturno, violento, que faz pilhéria com a loucura e o crime (Corbin, 1991, p.580). E essa reviravolta reclama um sobre-voo sobre algumas modificações no que diz respeito aos pensamentos médicos e à saúde do corpo.

No século XVI, a máquina e os objetos fabricados passam a servir de referência para a representação do corpo e de seus mecanismos. Um dos modelos de aparelho que passou a ser associado ao corpo é justamente o *alambique*. Esse instrumento que era utilizado desde a Idade Média, para a prática secreta de alquimistas, a partir desse período passa a ter o uso mais disseminado com a generalização da destilação. O valor da saúde morava então na secura e no calor. O alambique assume o papel de figura de depuração, e da mesma maneira positiva e prolongada é visto o consumo da aguardente, a água que arde, como discorre Georges Vigarello (2006, p.107-8):

> O consumo de "aguardente", a "água de fogo" é uma prolongação da mesma imagem. O espírito do vinho conserva os recursos adquiridos no alambique. Penetra nos órgãos como um "éter", separa as matérias, rechaça "o que não é puro", preserva as carnes de toda podridão e tem inclusive "a enorme virtude de dissolver o sangue coagulado do corpo". A "água-de-vida" é a mais ativa das quintessências, realiza uma perfeita adequação entre seu nome e sua ação: é a água que pode prolongar a vida. Seu poder se comenta cada vez mais pois o licor começa a difundir-se para além dos segredos dos alquimistas. Suas virtudes já não têm tanto mistério. Suas qualidades antagônicas, que associam a frieza da água com o calor do fogo, o úmido com o seco, já resultam menos inquietantes.
>
> [...]
>
> A conservação e a depuração explicam pois a sedução que exerce essa imagem do alambique, primeira máquina analógica do corpo, antes das montagens mecânicas mais geométricas que se inventarão no século XVII.

Segundo essa concepção de força corporal, tanto o alambique quanto a aguardente acentuam a purificação, cujas práticas são uma verdadeira obsessão humana desde a Antiguidade, passando pelos banhos quentes, elixires e sangrias.

A fibra: a linha da nova arquitetura íntima do corpo

Já no século XVIII passa-se a depositar uma importância inédita nas partes sólidas do corpo, a saber, as fibras e os tecidos. São novas tendências para a medicina, que convergem para uma nova arquitetura íntima do corpo. A fibra surge então como unidade anatômica mínima.

Ela está para a fisiologia como a linha está para a matemática (ibidem, p.189-91). Segundo a teoria das fibras, o princípio vital não reside mais nos líquidos, mas sim nos sólidos dos corpos.

Esse momento histórico conflui com o descobrimento da eletricidade e efetivação de experiências revivendo os órgãos fora dos corpos. A ideia da emanação dos humores pelos líquidos do corpo passa a ser cada vez mais rechaçada. Pela primeira vez Galeno e Hipócrates são questionados. A classificação pelos líquidos – biliosos, fleumáticos, sanguíneos, melancólicos – é substituída pela classificação das fibras: consistentes, tensas ou frouxas.

Essas novas categorias carregam, sobretudo a partir dos anos 1780, uma nova versão da saúde e da doença, uma nova classificação das desordens provocadas pelo mal. A partir de então a doença era consequência de uma fraqueza particular.

A atenção da medicina volta-se para a sensibilidade nervosa: os nervos e seus movimentos de contração, sua agitação, eretismos. O espasmo é o grande mal a ser evitado, ou qualquer coisa que tenha a ver com o excesso de irritação das fibras (ibidem, p.192, 193 e 195).

A condenação dos licores espirituosos tem um novo motivo, que vem a ser o afrouxamento e a destruição dos nervos, o consumo dos corpos, a provocação de tremores, dado o caráter, agora nocivo, de seus elementos abrasivos e flamejantes (ibidem, p.196).

É curioso que nessa virada de novos hábitos, medos e gostos, o café, bebida da sobriedade, sai como o grande vitorioso, como substância que endurece as fibras. O consumo do café foi desenfreado na Europa com um *status* de remédio extraordinário. Braudel (1970, p.208-9) cita um *Tratado do café*, publicado em Lyon, em 1670, sem autoria, que explora os efeitos e virtudes quase ilimitados desse valioso produto:

> Seca todo o humor frio, expulsa os ventos, fortifica o fígado, alivia os hidrópicos pela sua qualidade purificante, igualmente soberana contra a sarna e a corrupção do sangue, refresca o coração e o bater vital dele; alivia aqueles que têm dores de estômago e que têm falta de apetite; é igualmente bom para as indisposições frias, húmidas ou pesadas do cérebro... O fumo que sai dela [vale] contra as defluxões dos olhos e os barulhos dos ouvidos, é

soberana também para a respiração curta, para as constipações que atacam o pulmão, as dores de rins, os vermes; alívio extraordinário depois de ter bebido demasiado ou comido.

Toda a miscelânea de propriedades curativas atribuídas ao café converge para um mesmo foco: ele é a bebida do desapaixonamento. A literatura médica e o senso comum vigente dos séculos XVII e XVIII já consideravam o café a bebida certa para manter a sobriedade; perfeito para o *desayuno*, posto que desperta para o trabalho, mantém o estado de vigília, vence o sono, no contraponto das bebidas alcoólicas que embotam a cabeça e amolecem para a lida (Schivelbusch, 1995, p.33). O largo consumo dessa substância culmina com as manufaturas e o absolutismo. A demanda infla e o café amplia o tempo.

Seria interessante traçar um contraponto: a prescrição da cafeína como contraveneno nos casos de embriaguez é clareada quando se pondera que a aguardente é, sobretudo para os puritanos, a inversão farmacológica social do café, a bebida do despertar, da sobriedade, desembriagante, antierótica. Já quanto ao álcool, quando o corpo era considerado um alambique, era um remédio, que trazia em si o calor, assim como o açúcar e as especiarias. A partir de então passa a ser visto como chave negativa, posto que amolece e impede o exercício das fibras, passando pelo enlaçar de pernas, a queda, a tremedeira, e culminando no *delirium tremens*. Nesse novo momento os medicamentos ou fármacos são as substâncias que despertam para o trabalho.

Dentro desse contexto de inversão das práticas de saúde, o que importa a partir dos anos de 1750 das ações preventivas é o fortalecimento das fibras: alimentação frugal, banhos frios, caminhadas, exercícios mecânicos. Vem à tona a importância do frio para a rigidez, ao contrário da recomendação de esquentamento anterior. Esse novo valor causa uma transformação total nas sensibilidades e hábitos. O mar, antes motivo de medo e repulsa, passa a ser desejado. É preciso vencer o terror que ele inspira e enfrentar o seu sal, seu frio, o choque e enrijecimento provocado por uma imersão violenta (Corbin, 1989, p.74).

O ponto de inflexão no que diz respeito à iconografia do ébrio no decorrer do século XIX está inscrito nesse câmbio de orientação dos valores da alimentação e das bebidas, voltados para a questão sanitária e totalmente diferentes dos cuidados medievais do corpo, dependente das forças cósmicas. O corpo do século XIX é uma unidade orgânica que dispõe de energia calorífica para reanimá-lo e passa a ser necessário um princípio de rentabilidade combustiva (Vigarello, 2006, p.11). Nessa nova onda de incentivo à tensão e ao endurecimento, impera a preocupação com a indolência e com a melancolia, com o relaxamento das fibras e a negligência dos bêbados. A associação entre firmeza das fibras e firmeza moral é clara (ibidem, p.208).

Em suma, essa abordagem do bêbado como um desleixado também está embutida nessa modificação das práticas de saúde. Pela primeira vez as causas dos males são sociais. A debilidade é física e moral. O tema da civilização torna-se argumento sanitário.

O bêbado é a doença e a imoralidade somadas, entre a libertinagem popular dos botequins e tavernas. Nos textos e receituários de saúde e higiene do período paira a preocupação com o uso do álcool e da intemperança como propagadores do desequilíbrio orgânico e moral, das doenças e da loucura. O costume e o hábito não regrado trazem a desgraça. Na inquietação do discurso da ciência trava-se um confronto com o sensualismo e as sensações: o desejo, a volúpia, o destempero.

O surgimento de uma nova doença: a regência das sensibilidades

> *O arcoolisimo é a scienza chi studia os páu d'acua.*
>
> Juó Bananére

É nesse quadro traçado que, a partir de 1850, o termo *alcoolismo* é cunhado no discurso das classes dominantes, reforçado pela medicina, atando a bebida e a imoralidade. Das degenerações, o alcoolismo é o que mais causa inquietude e reação moral. Em 1874, Lancereaux escreve sobre os passos da degradação provocada pelo alcoolismo passando pela debilidade e pelo fracasso.

Coube a um médico sueco, Magnus Huss, em 1849, o emprego, pela primeira vez na história, da expressão *alcoolismo crônico*, associando a borracheira secular a um conjunto de sintomas como afecção do fígado e vasos sanguíneos, catarros, temores, alterações nervosas, *delirium tremens* (ibidem, p.24), e criando uma nova entidade nosológica, que culminou no desenvolvimento de uma nova disciplina, a partir de então integrante de qualquer manual de medicina.

É assim que o excesso de álcool e o alambique, antes verdadeira quimera da alquimia, se transmutam em elementos diabólicos, sem chamas ou alegrias, que se espalham pelas ruas e cidades (ibidem, p.286-7). Em diversos países da Europa e América, principalmente a partir dos séculos XVIII e XIX, muitos médicos, até impulsionados por movimentos de opinião pública, começam a divulgar trabalhos de cunho científico em revistas especializadas, centrando o foco no que eles chamavam de "complicações somáticas e psíquicas da intemperança" (Fortes, 1991, p.12).

Na Inglaterra do final do século XVIII, Thomas Trotter colocava a ebriedade como uma das causas da loucura, cuja incidência aumentava nos hospitais, asilos e instituições especiais recém-criadas para etilistas. Concomitantemente se verificava o aumento da criminalidade, das doenças em geral e da pobreza. Ainda na Inglaterra em 1813 Sutton descreve o *delirium tremens* e, em 1836, Macnish publica *A anatomia da embriaguez*, obra que responsabiliza os alcoólicos por nada mais do que toda a patologia humana.

Os escritos de Trotter acabam por influenciar muitos clínicos alemães. Bruhl-Cramer, em 1819, coloca o ébrio como um doente que experimenta um desejo tirânico e anormal pela bebida. Lippich divulga estatísticas em que diz comprovar que os intemperantes têm vida mais curta, menos filhos e são mais sujeitos a doenças. O norte-americano Benjamin Rush, em seu texto *Do abuso das bebidas alcóolicas*, conclui que a embriaguez é uma doença mental, acompanhada de degeneração física (Fortes, 1991, p.13). O mesmo Rush publica um livro em 1784, *Um inquérito sobre os efeitos dos espirituosos sobre a mente humana e o corpo*, no qual relata as devastações que o álcool provoca no corpo e no espírito das pessoas.

Já os médicos franceses defendem que a embriaguez causa a hidropisia e a gota, entre outras doenças. Pinel, no início do século XIX, coloca a embriaguez como causa possível de distúrbios psíquicos, junto com a sífilis, as fraturas, verminoses e distúrbios menstruais. Villermé propõe soluções como a coibição da ociosidade, a educação do povo e a higiene no trabalho. Esse autor já mostra uma preocupação com a higiene pública e com a medicina social, que marcariam de forma tão incisiva a organização das cidades nos séculos XIX e XX.

Percebe-se, neste apanhado, que tanto na Europa quanto nos Estados Unidos os médicos convergem na leitura da ebriedade como doença. Essas descrições foram empregadas nas campanhas contra o alcoolismo nas Ligas de Temperança,[2] tanto nos Estados Unidos quanto na Inglaterra.

Nesses países organizam-se a partir de 1830 instituições voltadas exclusivamente a alcoólatras, cujo *slogan* era: "a intemperança é uma doença". A bebedice é exposta, portanto, entre outras moléstias que podem destruir a vida de um homem (Fortes, 1991, p.16).

Pari passu, o Dr. Domingos Jaguaribe, autor de *O veneno moderno*, investindo intelectual e economicamente na recém-fundada Liga contra o Álcool, propunha no Brasil a imposição da Lei Seca, tal qual foi aprovada nos Estados Unidos. A Liga Nacionalista, em banquete arranjado por estudantes da Faculdade de Direito, declarava guerra aos alcoóis e a abolição total da cachaça e da cerveja no país. Havia, evidentemente, entremeado nesses discursos, um forte tom elitista e segregacionista, na medida em que essas campanhas tinham como alvo as bebidas mais baratas, sobretudo a aguardente. Ou seja, o que incomodava era a embriaguez do pobre, do outro (Sevcenko, 1992, p.84-5).

A proposta era a erradicação do uso de bebidas alcoólicas, sobretudo aguardente, por meio do exemplo de seus membros e familiares. A metodologia é "singela", chegando ao ponto de distribuição de prêmios e medalhas para cidadãos moderados, publicação de revistas

---

2 A palavra *temperança*, desde a moralidade clássica, assumiu o significado de equilíbrio e moderação. É só no século XIX que esse termo assume uma versão deturpada, significando erradicação, abolição total do uso do álcool.

e cartilhas para divulgação dos males causados pelo álcool, financiamento de investigações sobre o assunto, promoção de procedimentos sanitários, conferências seguidas de concertos gratuitos (Vigarello, 2006, p.293-4). A saber, toda a técnica da Associação dos Vigilantes do Peso estava aí já pronta: com a fluidez de encenação pública de um espetáculo circense, aterrorizar, advertir, convencer, reprimir os excessos por meio de uma lavagem cerebral paulatina ou violenta, aplaudir os que vencem, constranger os que fracassam.

As novas experiências médicas, entretanto, não esgotam a explicação, até porque estão entrelaçadas com outros campos de representações e pensamentos. A construção de uma moral do dever, do controle das atitudes de excesso e de prazer, dos comportamentos considerados degenerativos constitui um cuidado de si enquanto cuidado da comunidade. Trata-se, em suma, de uma vontade de regência das sensibilidades.

As legislações e outras tentativas de supressão do uso do álcool estão fortemente assentadas nessa nova atitude de controle anímico do corpo, numa ânsia de orientação dos sentidos e dos exercícios e alterações dos estados de ânimo (que são de foro íntimo e subjetivo), sobre o argumento de uma defesa coletiva.

O nascimento da época moderna converge para um processo de transferência do controle da individualidade e do cotidiano. É por isso que os mesmos impedimentos enfrentados pelas legislações sobre a sífilis e a tuberculose, que segundo os médicos eram pestes que se pegavam no balcão, foram confrontados com as leis decretadas para a abolição do uso dos alcoóis, a saber: consomem a mesma complexidade que envolve os cercos políticos do corpo, a pretensão de legislar sobre as sensibilidades e invadir comportamentos privados (ibidem, p.292).

É preciso fuzilar o general Aupick (a resistência do bufo)

Na madrugada de 24 de fevereiro de 1848, Jules Buisson encontrou Baudelaire no meio das barricadas da encruzilhada da Rua Buci, com um fuzil engatilhado nas mãos, gritando: "É preciso fuzilar o general Aupick".

Com a mesma autoridade com que queria eliminar este sufocador de revoltas, que expropriava o afeto de sua mãe, a herança de seu pai[3] e aterrorizava as barricadas, e com a mesma veneração com que dedicaria a Théophile Gaultier todas as flores doentias que escreveu na vida,[4] Baudelaire postulou que o vício sim é sedutor.

É curioso que no contraponto das cruzadas proibicionistas, surge no mesmo século XIX a noção de "paraíso artificial", enquanto efeito de distância decisivo. Trata-se, antes de tudo, de uma transformação cultural. O aguçar das sensibilidades e a embriaguez dos sentidos são recorrentes em vários escritos do século XIX e começo do XX, como coloca Alain Corbin (2002, p.257): "O sensualismo que reina, quase sem divisão, nos meios esclarecidos, do início do século XIX incita à exaltação da felicidade sensitiva".

Baudelaire (1998), Théophile Gautier (1986) e Thomas de Quincey (1982) relatam suas experiências individuais com a embriaguez, num raconto das sensações que as drogas espirituosas despertam. Baudelaire trata o vinho de igual para igual,[5] como um ente vivo, capaz de transmitir vozes de alegria e iluminação, convergindo experiências íntimas e estimulando possibilidades individuais.

> Parece-me às vezes ouvir o vinho falar – ele fala com sua alma, com esta voz dos espíritos que apenas os espíritos alcançam: – "Homem, meu bem-amado, quero levar até você, apesar de minha prisão de vidro e de minhas aldravas de cortiça, um canto cheio de fraternidade, um canto cheio de alegria, de luz e de esperança". (Baudelaire, 1998, p.215-6)

---

3 O general Aupick, grande repressor das barricadas de 1848, era padrasto de Baudelaire.

4 Dedicatória de Baudelaire (1985, p.97) em *As flores do mal*: "Ao poeta impecável/ ao perfeito mágico das letras francesas/a meu caríssimo e veneradíssimo mestre e amigo Théophile Gautier/com os sentimentos da mais profunda humildade; dedico estas flores doentias".

5 É considerável a atenção que Walter Benjamin (1989) dedica à abordagem de Baudelaire sobre a potência evocadora de desforra e provocação que o vinho desperta nos meios populares das tavernas parisienses.

Enquanto isso, na cidade de São Paulo, o escritor Fagundes Varela, aluno da Faculdade de Direito do Largo São Francisco, nos anos de 1870, tratava sua coleção de bebidas alcoólicas como biblioteca, acervo de sensações e histórias, como relatou seu colega, Pires de Almeida (1962):

> Disse eu [...] que Varela me constituíra seu bibliotecário; pobre de volumes, porém demasiado pela rica, pela supina escolha dos autores, essa preciosa biblioteca era, nada mais, nada menos, do que formidável bateria de garrafas contendo bebidas fermentadas de todas as procedências. [...] No extenso catálogo da *sui generis* biblioteca encontravam-se autores e editôres os mais desencontrados: vinho húngaro, como o de Aï, alemão, como os do Reno, Heidelberg; espanhol, como os de Xerez, La Rioja, Santander, Alicante; da Pérsia, como o Cherez; de Portugal, como o do Pôrto; da Itália, como o Lacrima-Christi; e licores, desde os mais alambicados até os mais intragáveis.[6]

Segundo Varela, quando esvaziava um cálice de vinho, fonte de memória e inspiração, o que ele devorava era o seu passado: quem o fez, de onde veio, a história das pessoas que cruzaram o seu caminho. A embriaguez é vista, portanto, enquanto aflorar de uma história, de uma natureza, de uma intimidade e até como fonte de possibilidade de criação poética e elogio da inspiração, e passa a ser reprimida e coibida como resistência das sensibilidades, dada a tentativa de controle anímico do corpo e dos sentidos. O jogo é duplo: controle é especulação e, como expõe Georges Bataille (1987, p.60), o interdito está posto para ser transgredido:

> Podemos mesmo ir até à proposição absurda: "O interdito existe para ser violado". Esta proposição não é, como parece inicialmente, um desafio, mas o enunciado correto de uma relação inevitável entre emoções de sentido contrário. Sob o poder da emoção negativa, devemos obedecer ao interdito. Nós o violamos se a emoção for positiva. Não é da natureza da violação cometida suprimir a possibilidade e o sentido da emoção oposta: ela chega mesmo a ser sua justificativa e sua origem.

---

6 Publicado anteriormente em *Jornal do Comércio*, 26 fev. de 1905.

É também nesse caminho que a abordagem da perspectiva da história dos sentidos pode ser vista no contraponto do aflorar do enaltecimento da razão que ocorre no século XIX. No decorrer desse período o racionalismo foi a base para a organização das cidades. A ciência neutra, abstrata e de dominação e a autoridade da técnica, do positivismo, da ordem e do progresso abolem a contradição, a alteridade, ao passo em que se esforçam por moralizar o que é natural.

Esta razão está também do lado da Medicina, da Engenharia e do Direito, que foram chamados para dar respostas sobre como tornar o urbano que surge numa cidade limpa, organizada, matemática.

A ebriedade, como uma dimensão interna de constituição do sujeito por meio das sensações e exploração de uma constituição anímica, de um emergir da intimidade, de uma multiplicação da individualidade, significa, do ponto de vista da norma, uma perda de consciência, da razão, do controle do corpo, da alma e dos sentidos.

Trata-se da criação de um conjunto de regras que têm como alvo o corpo-objeto, aquele que ocupa espaço, é físico, material, pode ser tocado e sentido, visto e escutado, dissecado. Sua massa, densidade, volume, temperatura e movimentos são mensuráveis. Mas é certo que no século XIX, desde a perspectiva do sensualismo, o corpo é também a sede das sensações, o corpo próprio, que sente prazer, dor, sensações, afetos, experiência vivida, embriaguez (Corbin, 2005, v.2, p.15-7). Quando a ciência passa a interferir nas sensibilidades, a história dos sentidos verte-se numa história da moral.

Mas apesar de todas as lições de conduta contra as experiências dos sentidos, o ébrio bufão, enquanto possibilidade de criação poética, não morreu. Ele continuou presente nas representações e nas ruas dos oitocentos. Também sobreviveu nas caricaturas do personagem Mayeux, anão corcunda, que circulou de 1829 a 1832 nas ruas e gazetas de Paris. Apesar de estar associado ao nome do desenhista Traviès, trata-se de uma criação coletiva, que também foi incorporada nas charges de Daumier.

A ideia de Mayeux foi sugerida a Traviès por conta do espetáculo do artista Leclaire, uma transposição popular da tradição acadêmica *têtes d'expression.* Leclaire era um personagem parisiense que percorria tabernas fazendo espetáculos apresentados por bonecas. Era um "bufão fisionômico", um "acidente bufonesco" com gestos grotescos. Quando bebia, sua melancolia aflorava e chorava lágrimas sem fim. Era um tipo popular, um *bonachão* que fazia as vezes de palhaço. Nas caricaturas, no decorrer do centro da Revolução de Julho, Mayeux expressou uma voz coletiva, como tipo popular, que queria participar, ser ator, interferir. Representou o povo de Paris, as barricadas, as resistências às pedagogias dos costumes (Le Men, 2005, p.120, 123 e 124).

Mayeux, metáfora do Arlequim, incorpora um personagem caracterizado pelo burlesco, situado nas contaminações das representações dos tipos sociais dos bairros populares de Paris que também são objetos de Traviès. Era, enfim, a representação da resistência personificada no tipo de rua, assim como o trapeiro, que posteriormente se tornou o personagem predileto de Traviès e Baudelaire.

No mesmo matiz, os tipos populares ébrios representados iconicamente com tom bufo também passeiam nas caricaturas do Brasil do final do século XIX e começo do XX. Um exemplo é o Zé Povo, personagem de K. Lixto, caricaturista carioca com certeza influenciado, como tantos outros, pela passagem de Rafael Bordalo Pinheiro pelo Rio de Janeiro, entre 1875 e 1879. Pinheiro é um pioneiro chargista português que deu vida ao personagem Zé Povinho, figura popular portuguesa, com características bastante similares.

O palhaço e o equilibrista

> *Quero antes o lirismo dos loucos*
> *O lirismo dos bêbedos*
> *O lirismo difícil e pungente dos bêbedos*
> *O lirismo dos clowns de Shakespeare*
> Manuel Bandeira

Há que se notar, portanto, que a embriaguez provocadora e fonte de inspiração poética não foi de todo sufocada e muitas das vezes é associada à representação de tipos populares. Antes de chegar ao ponto da derrocada moral e da metáfora da queda, o borracho é hilariante, caricatura pura e simples. O riso descontrolado do bebedor é também objeto de graça do transeunte sóbrio. Ele tem a sedução da falta de controle do *clown*, de um equilibrista desnorteado. Esse é o efeito de proximidade e da larga impregnação histórica e cultural com a estética particular do corpo ébrio que Véronique Nahoum-Grappe (2004, p.171-2) batiza de *efeito circo*:

> *Hay una seducción estética de la mueca inmunda que no sólo concierne a los artistas relajados, "esa herida horrenda, ¿qué bella es!" – "esa montaña de basura, ¡qué belleza!", reza un aforismo de Heráclito–, sino también a los niños, a los consumidores no cultos de imágenes. De hecho un espantapájaros, un disfraz exagerado, la sobrecarga de un espantoso maquillaje, también hacen aullar de risa a niños y adultos. El cuerpo ebrio se beneficia con esta estética particular aquí bautizada como "efecto circo", la que permite la producción de máscaras insensatas e hilarantes en las fronteras con lo horrible, lo terrible, lo inmundo.*
>
> *Una máscara no deja jamás indiferente; el espectáculo de la ebriedad "en carne y hueso" tampoco.*
>
> *El modelo de inconducta social ha de ser puesto en escena corporalmente para ser más real socialmente, y el libreto de la ebriedad con su producción de ruidos, de furores, de violencias aproximativas y no funcionales, de supuración y de distorsiones, permite la constitución de una máscara de carnaval incorporada.[7]*

---

7 Há uma sedução estética dos trejeitos imundos que não só concerne aos artistas relaxados, "essa ferida horrenda, como és bela!" – "essa montanha de lixo, que beleza!", reza um aforismo de Heráclito –, destinado também às crianças e aos consumidores incultos de imagens. De fato um espantalho, um disfarce exagerado, a sobrecarga de uma espantosa maquiagem, também fazem ulular de rir os pequenos e adultos. O corpo ébrio se beneficia com esta estética particular aqui batizada como "efeito circo", aquela que permite a produção de máscaras insensatas e hilarantes nas fronteiras com o horrível, o terrível, o imundo.
Uma máscara nunca causa indiferença; tampouco o espetáculo da ebriedade "em carne e osso".
O modelo da inconduta social há de ser posto em cena corporalmente para ser mais real socialmente, e o libreto da ebriedade com sua produção de ruídos, furores, de violências aproximativas e não funcionais, de supuração e de distorções, permite a constituição de uma máscara de carnaval incorporada. (tradução nossa)

A constituição de uma máscara de carnaval, que não esconde mas revela, incorporada em comportamentos do cachaceiro à mercê do efeito circo, enfatizando o orgânico, se presta como meio de comunicação e didático. A representação iconográfica é usada ora como troça e resistência, ora para "ensinar" o que não se pode fazer. A embriaguez expõe e impõe seus resultados previsíveis. O efeito circo é portanto uma estética peculiar do corpo ébrio que tende para o grotesco, ora risível, ora repulsivo.

A partir do século XIX a escalada de excessos socialmente cifrada autoriza a definição paródica do beber embriagador que pode conduzir ao drama do absurdo. É quase um jogo de dominó em que não se desvenda o avesso: o que consola é o que provoca a desgraça e consola da desgraça, sisifinamente. Trata-se de um relato moral acerca do previsível, cujo título é o prazer e suas consequências. O caminho do descomedimento corporal e da infração é a metáfora do fracasso social.

Mas o vocabulário de expressão iconográfica do borracho vai muito além da pedagogia dos comportamentos. Como um espantalho caído, com sua risada tremida, seu andar cambaleante, o bêbado fica no meio do caminho entre o equilibrista, que se esforça para manter-se (em pé? digno?), e o palhaço, que se entrega à arrelia. O equilibrista vive no limite, na sua fuga da queda, no seu esforço para compensar, contrabalançar, contrapesar, negar o chão. Essa condição crítica, porém, não implica escravidão, mas sim libertação dos desmandos das leis da gravidade e das condições vulgares.

O acrobata é uma reviravolta da ordem estabelecida, das posições costumeiras e das convenções. Já o palhaço é a realeza invertida, subjugada. Ele simboliza o avesso da atitude régia em todas as suas falas e descomposturas. Nessa paródia personificada a altivez é substituída pela irreverência, o terror pela zombaria, o poder pela anarquia (Chevalier; Gheerbrant, 1997). O bêbado está entre esses dois personagens, que não por acaso nasceram na rua, esses dois polos circenses, não necessariamente nessa mesma ordem – entre o riso e o medo, entre a hipocrisia e a liberdade, entre o chiste e a repulsa da queda.

8
ENTRE A BOCA E O COPO:
MICROGESTOS E RITUAIS DO BEBER

Mata-bicho: o beber coragem

Bebida é água
Comida é pasto
Você tem sede de quê?
Você tem fome de quê?

Titãs

Quebra-jejum

São nove horas da manhã. Estou sentada diante de um balcão de um botequim frege-moscas da Rua da Consolação. Um indivíduo, em pé, debruçado na barra, pede uma branquinha. Uma senhora de *tailleur* e rabo de cavalo indefectíveis, que tinha entrado por acidente, para comprar cigarros, flagra o pedido do meu vizinho e busca minha cumplicidade insistindo num olhar de condenação. A correspondência que ela me pede é recusada. Estou muito concentrada em lembrar que, segundo Aluísio de Almeida, se esse cidadão vivesse no começo dos oitocentos, não estaria em nada deslocado dos hábitos vigentes. Segundo esse memorialista, o café só passa a ser utilizado como quebra-jejum aqui no Brasil por volta dos 1800. Antes disso, nos meios rurais e urbanos, bebia-se cachaça ou vinho:

> Café, começou aos poucos, antes de 1800. Antes não era o quebra-jejum. Nos engenhos os donos e hóspedes se dirigiam à casa do estanque, onde se guardavam pipas e barris e aguardente e, tal como na metrópole se fazia com um copázio de vinho tinto, ou mesmo verde, *matavam o bicho* com um copinho ou cálix de vidro colorido, coisa rara. (grifo meu) (Almeida, 1998, p.25)

Affonso de Freitas relata a história de Nhéco-Nhenhéco, um preto velho, forro, de oitenta anos, que andarilhava pelas ruas paulistanas, com duas colheres de estanho castanholando num prato de folha, como se estivesse tocando pandeiro. Repinicava com tanto virtuosismo que se notabilizou pelo feito. Sentava-se na soleira da porta de alguma residência e iniciava o seu tamborilar no prato, a fim de solicitar refeição. Mas era frequentador assíduo, onde tinha o hábito litúrgico de "matar o bicho", do boteco do José Frango Assado, um português que tinha venda na Travessa da Sé (Freitas, 1985, p.71).

Mas sem dúvida que nem o costume nem a expressão foram criações paulistanas. O mata-bicho ficou muito conhecido e em voga em São Paulo e em todo o Brasil, no sentido de ingerir álcool no começo do dia.

Era herança africana, transportada por navios negreiros. O médico Joseph François Xavier Sigaud (1844) não via com bons olhos o hábito dos negros de beberem cachaça para matar o bicho, ou seja, dirimir os desconfortos causados pelas verminoses e maculo. Era, outrossim, termo de popularismo entre os beberrões da Idade Média europeia (ibidem, p.56).

Combustível para o corpo e para a alma

As referências sobre o costume do mata-bicho nas tabernas portuguesas são várias. Raul Simões Pinto (2008, p.35), em seu livro sobre as tascas do Porto, trata da expressão *mata-bicho* como um hábito e um termo antigo e tradicional sobrevivente no ambiente desses estabelecimentos localizados nessa cidade: "Mata-bicho – expressão utilizada logo pela manhã: pedir uma aguardente ou um bagaço para 'matar-o-bicho' do corpo e da alma! Vulgar em zonas piscatórias, mas também de uso corrente nas tascas".

Até os dias de hoje algumas tascas do Porto servem mata-bicho em copinhos de vinho pequenos, chamados neguinho, de café com bagaço, reminiscência do mata-bicho antigo. Outros alimentam o hábito de tomar um Martini matinal.

Luis Fontes (1986, p.14-5), em seu estudo sobre as tabernas de Braga, aborda uma taxionomia entre as práticas tabernais no que diz respeito às bebidas que se deve tomar pela manhã:

> Quanto a bebidas, a oferta é também variadíssima devendo distinguir--se dois tipos: as que se bebem no período da manhã e as que se bebem após almoço e até à noite. As primeiras são sobretudo bebidas espirituosas ou licores – ginga, aguardente, Martini etc. e as segundas vinhos e refrigerantes, predominantemente verdes (de casco) e cerveja.
>
> O consumo de bebidas da parte da manhã assume características particulares, existindo uma designação popular para tal: "matar o bicho" ou "lavar o casco", operação levada a efeito várias vezes durante o período da manhã e em que se utilizam vários "instrumentos específicos" – trançadinho (mistura de ginga com aguardente), "penalty" (mistura de ginga com água gaseificada), "telha" (mistura de Martini com água gaseificada), ou simplesmente ginga, bagaço, Martini, vinho branco simples, etc.

Pedro de Andrade (1988, p.237),[1] outro estudioso português das práticas tabernais, aponta para essa prática frequente em Portugal, cujo primeiro objetivo era aquecer para o trabalho.

Vale lembrar que, até os oitocentos, o modelo da termodinâmica estimulava a considerar o corpo como uma caldeira, e posteriormente um motor, que é preciso alimentar de combustível. Esse pensamento ratifica a crença nas virtudes do álcool e do trago matinal, que regula e incentiva o ritmo (Corbin, 1991, p.583). O "consolo", ou como tantos outros termos utilizados aqui no Brasil, *apaga-tristeza, cura-tudo, estricnina, homeopatia, penicilina* (Souto Maior, 2005, p.16-7), quando engolido de uma só vez, desde cinco horas da manhã, faz esquecer, aquece ou refresca, no que for necessário anima, aclara, cura.

---

1 Esse artigo também inspirou a elaboração dos subtítulos deste capítulo.

Mas o poder benfazejo do álcool, e sobretudo da cachaça, não para por aí. Câmara Cascudo (1986, p.48) discorre sobre uma tradição segundo a qual a cachaça, misturada com pólvora, propulsiona a coragem.

Água para camelo

A sobrevivência do *mata-bicho* está ligada à permanência de uma convicção de que bebida é alimento. Segundo o anedotário biográfico de Noel Rosa, músico carioca e boêmio inveterado, há uma cena em que um amigo o encontra num botequim, bebendo cerveja logo pela manhã. Seu interlocutor o adverte: "Bebendo a essa hora, Noel?!...." A réplica de Rosa é todo um tratado sobre os valores nutritivos da bebida. Mas o amigo rebate: "Está bem, e esse conhaque?" Ao que Noel retruca: "Mas você não quer que eu coma sem uma bebidinha, não é?"

À parte a pilhéria trágico-cômica de Noel Rosa, sem dúvida ele recorre a uma chave de pensamento segundo a qual bebida e alimento não eram separados. O professor Eddy Stols, especialista em história da alimentação, disse-me que até os dias de hoje se recomenda para a mulher que convalesce do parto, em algumas regiões europeias, um prato feito com carne, ovos e cerveja.[2] É a sobrevivência recôndita do costume do medievo de tomar sopa de cerveja.

Antes que as bebidas quentes e não alcoólicas – café, chá, chocolate – ocupassem um lugar fixo na dieta europeia, o álcool cumpria as vezes de estimulante e de alimento. É lógico que a população do medievo utilizava o vinho e a cerveja para se emborrachar. Mas também é certo que antes da introdução da batata, a cerveja constituía, juntamente com o pão, a dieta básica na Europa. Ainda na segunda metade do XVII, quando o café era coisa para os iniciados da fina flor, uma família inglesa das camadas mais populares consumia três litros de cerveja por dia (Schivelbusch, 1995, p.36). Os trabalhadores ingleses estimavam a cerveja

---

2 Anotações de aula de curso ministrado pelo professor visitante Eddy Stols no programa de pós-graduação da Unesp de Assis, disciplina Tópicos Especiais/ História da alimentação, 2007.

como combustível indispensável para o trabalho pesado e uma senhorita que soubesse preparar uma boa cerveja doméstica era obrigatoriamente considerada um bom partido (Thompson, 1987, p.182-3). Mesmo no decorrer do século XIX, na França, o consumo de aguardente entre os pobres era de meio litro por dia, cinquenta a 75 litros anuais (Corbin, 1991, p.585). Ainda resta o velho ditado: água é comida de camelo.

Brinde: o beber lúdico

E bebes este álcool ardente como a tua vida
Tua vida que bebes feito aguardente
Guilhaume Apollinaire

Entre os rituais do beber em grupo, um dos mais antigos é o brinde, cuja origem remonta do termo grego *propinein* (em latim *propinare*), que denomina o gesto dos bebedores que se encaram durante as libações (Schivelbusch, 1995, p.202). Dentro dos grupos estabelecem-se fórmulas de pronúncia.[3] Essa saudação é um compromisso tácito de amizade recíproca. Não participar dele é uma desfeita imperdoável.

Aliás, as regras desses rituais eram fixas e quem as rompia podia gerar uma peleja: não se rechaça uma rodada impunemente. Do mesmo jeito, quem aceita participar deve ir até o fim. Todos esses ritos carregam um significado cultural dos gestuais de oferta, recebimento, trocas de gentilezas. O conjunto de expressões que envolve as bebidas quentes modernas não pode ser comparado ao cerimonial comunitário que roça o prazer do consumo de álcool. Ninguém brinda nem bebe à saúde de alguém com café (ibidem, p.208); tampouco se joga um gole de chá no chão, para oferecimento aos santos beberrões.

---

3 Schivelbush (1995, p.202, tradução nossa) cita algumas dessas pronúncias no caso das tabernas inglesas do século XIX: *"Vengan las copas, bebe a la salud, bebe después de mí, bebe conmigo, bebe la copa entera, bebe la mitad, y yo brindaré por ti"* (Venham as taças, bebe à saúde, bebe depois de mim, bebe comigo, bebe a taça inteira, bebe a metade, e eu brindarei por ti). Ou outra do século XIII: *"Brindo por vuestra salud; bebed tanto como yo"* (Brindo por vossa saúde; bebe tanto como eu).

Braços de sombra erguem copos de sombra

O beber à saúde é uma citação recorrente entre os memorialistas da cidade de São Paulo do século XIX e começo do XX. O cronista Afonso Schmidt (1954, p.148), em um de seus textos, dá conta do quanto o brinde faz parte de um vocabulário gestual socialmente discernível ao narrar uma encenação em que braços de sombra erguem copos de sombra, ou seja, ele reconhece o rito pelas silhuetas dos personagens em jogo:

> Sem querer, assisto lá do outro lado da rua, naquela sala, a uma cena representada por silhuetas. A família está ao redor da mesa. Braços de sobra erguem copos de sombra. Depois, alguém, para que os vizinhos da frente não vejam a festa íntima, vai à janela e puxa a cortina. O pano desce, como no teatro.

Jorge Americano (2004, p.277) relata a sucessão de brindes de champanhe nas festas de casamentos, após a realização das cerimônias:

> Havia mesa de doces e "champagne". Primeira mesa, segunda, terceira, conforme o número de pessoas e o tamanho da mesa.
> Na primeira sentavam-se os noivos, os pais, os padrinhos e os convidados de mais idade e categoria. Trocavam brindes.
> Meia hora depois levantavam, recompunha-se o arranjo e começava a segunda mesa. Os noivos continuavam sentados. Brindes.
> Levantavam, recompunha-se o arranjo e começava a terceira mesa. Os noivos continuavam sentados. Brindes.

Segundo John Mawe (1978, p.73), os ritos dos brindes durante os banquetes em São Paulo dos 1800 chegavam a durar duas a três horas. De outro lado, Saint-Hilaire (1976, p.142-3) conta sobre entediar-se com os protocolos do brindar que vigoravam nessa cidade no século XIX:

> O dia de S. Carlos (4 de novembro) era o dia da festa da rainha, que se chamava Carlota. O general ofereceu um banquete, para o qual fui convidado.

O general organizou uma partida de uíste. Depois de servida a sopa, ele se levantou para brindar à saúde do rei, e a banda do regimento, postada à entrada da sala, executou uma marcha militar. Bebemos sucessivamente à saúde do infante D. Sebastião, nascido no mesmo dia alguns anos antes, à da Princesa da Beira, sua mãe, dos paulistas, do capitão-geral e de diversas autoridades locais. Foi por acaso, por assim dizer, que se lembraram da rainha em honra da qual estava sendo realizada a festa. Isso não deve causar surpresa, já que a rainha, nessa época, tinha caído em desagrado. Os convivas brindaram também à saúde uns dos outros. Esse costume, como era praticado então no Brasil e sobre o qual já me referi, é um dos mais incômodos que se pode imaginar. Era preciso que o convidado soubesse o nome de todos os presentes, não esquecesse nenhum, ficasse à espreita do momento em que o escolhido não estivesse comendo ou conversando para chamar o seu nome, observasse a ordem de precedência, gritasse a plenos pulmões de uma extremidade da mesa à outra e estivesse sempre de sobreaviso para empunhar o próprio copo quando o brinde fosse dirigido à sua própria pessoa. Pedi permissão ao capitão-geral para fazer um brinde à união eterna de Portugal e da França. Falei em francês, e o general levantou-se e traduziu para todos as minhas palavras. Bebemos também à saúde do rei Luís XVIII. Em seguida, todo mundo sentou-se, e o general, olhando para mim, fez um brinde em francês em nome da vitória da boa causa.

Já conforme relata Pires de Almeida (1962, p.28), estudantes da Faculdade de Direito, nos idos de 1870, saudavam suas libações com crânios cheios de conhaque e ponche incendiado: "E, a uma, erguendo os crânios em fogo, levantamos estrondoso *toast* a Álvares de Azevedo, o *primus inter pares* do byronismo brasileiro".

Figura 17 – Segundo os relatos de Saint-Hilaire, o ritual do brinde era muito comum na São Paulo do século XIX

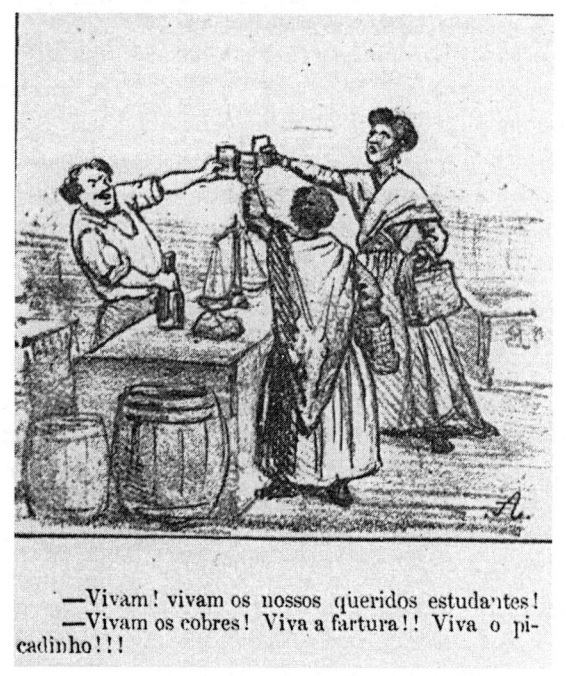

—Vivam! vivam os nossos queridos estudantes!
—Vivam os cobres! Viva a fartura!! Viva o pi-
cadinho!!!

Autor: Ângelo Agostini, *O Cabrião*, 10 mar. 1867. Fonte: Fundação Biblioteca Nacional

Missa invertida

O beber à saúde, costume de grupo tabernal anterior às sociedades pré-industriais e muito recorrente nos estabelecimentos portugueses e europeus de maneira geral, é uma forma de beber lúdico praticado para conquistar ou reiterar vínculos, posto que unifica simbolicamente todos os envolvidos num beber único (Andrade, 1988, p.235).

Trata-se de um jogo de gestos de uma simultaneidade de expressões, envolvendo o levantar e tocar dos copos, troca de olhares, interpelações, que se comunicam entre si (Sant'Anna, 2002, p.101) e desencadeiam um intercâmbio entre um círculo de bebedores. Esse simples gesto também costura alianças, acordos, invoca consensos (Nahoum-Grappe, 2004, p.163 e 174).

Essas fórmulas de saudação garantem certo sentido na consagração da bebida como elemento de comunhão. Como numa missa invertida, levantam-se taças que não são sagradas.

Assim como outros microgestos, embora tenha se espalhado para etiquetas comedidas em taças de Veuve Clicquot, é uma expressão social da taberna ou tasca, espaço social quase tão antigo quanto o vinho e o beber. Trata-se de um lugar não só de venda e consumo de alcoóis, mas também de toda uma sociabilidade subscrita, o que proporcionou uma acumulação de um repertório particular de práticas.

Esse território nasce no Egito Antigo e é largamente disseminado na Grécia e no Império Romano que, por conta de sua política expansionista, pulveriza a instituição tabernal por toda a Europa, incluindo Portugal. Esse lugar de venda de vinho a retalho chega e é reapropriado no Brasil por ocasião da colonização portuguesa e pelas sucessivas levas de imigrantes portugueses, que tinham como ramo de negócio esse tipo de comércio. Amalgamados com o espaço social, trazem também alguns hábitos milenares, como o beber à saúde (Andrade, 1988, p.240; Bruno, 2001, v.1, p.293; Pinto, 2008).

Com o tempo, a tasca ou taberna acabou assumindo uma identidade popular, como discorre Pedro de Andrade (1988, p.242):

A análise econômica do consumo de vinho na tasca, a partir da produção, distribuição, impostos, preços, tipos de consumidores etc., dá-nos elementos para definir uma configuração que evolui no sentido de uma deserção progressiva das classes dominantes na qualidade de proprietários e frequentadores até a identificação quase mimética da tasca com as classes populares. O que antes era divisão de um espaço social, aliás de feição predominantemente popular, tornou-se hegemonia de um só tipo de economia e de cultura. Este fenômeno de especialização de territórios é mais recente do que se supõe, e só se afirma a partir do fim do século XVIII, quando o café oferece uma alternativa de espaço de sociabilidade à burguesia em ascensão.

As regras, táticas e comportamentos que norteiam o ato de beber nesses estabelecimentos são, portanto, vestígios de tempos remotos e que são recriados e reatualizados, com outras ordenações, fórmulas, saudações, dizeres.

É assim que, por exemplo, é bastante fortalecida no Brasil a *abrideira*, de primeiro um costume do Amazonas, que depois se derramou por todo o país. É o brinde inicial, a abertura do ritual, a primeira dança, a iniciação; na mesma mão em que a *saideira* é o último brinde, o derradeiro gole, a despedida (Cascudo, 1986, p.11 e 82).

É enfim nesse repertório de reapropriações que o brinde é reiterado e assume aqui no Brasil e em São Paulo um lugar de destaque entre todos os microgestos do beber, que neutraliza ameaças e dissensos e também fortalece o ajuntamento entre os demais (Schivelbusch, 1995, p.202). O gesto de oferecer, receber, trocar, firma o estabelecimento de um equilíbrio social estável ligado ao intercâmbio da vida em grupo e ao beber em público, na taberna, na tasca, no botequim.

É um asseguramento do bem-estar e das boas intenções recíprocas. Bebe-se à saúde de alguém, de algo, de algum acontecimento ou passagem. Como num acordo calado, é proibido amaldiçoar ou atrair maus pensamentos durante o ritual.

A expressão de uma simples ação de levantar o copo é um pacto, uma incorporação oral de uma promessa, de um trato: aqui, agora, em torno desta mesa, o mundo é nosso. O bebedor vira o copo e quando volta a ter sua cabeça ereta o universo e o discurso sobre os valores morais vigentes desaparecem (Nahoum-Grappe, 1989, p.90-1). O brinde é uma zona de território livre, autônomo e temporário. É a cama do casal tomada pelas crianças quando os pais viajam. Ali elas casam, brigam, nadam, dividem.

Beber até cair: o beber vertigem

> *Quando eu atravessava os Rios impas-*
> *síveis,*
> *Senti-me libertar dos meus rebocadores.*
> *[...]*
> *Dez noites, sem pensar nos olhos dos*
> *faróis!*
>
> Arthur Rimbaud

A tela de autoria do pintor português José Malhoa,[4] denominada *Os bêbados* ou *Festejando S. Martinho*,[5] é uma encenação de interior fechado de taberna, formada por seis homens no entorno de uma mesa. Quatro deles protagonizam os efeitos do vinho, desde o personagem ao fundo, segurando uma malga,[6] de semblante ainda altivo e lúcido, até a figura no primeiro plano, à esquerda, já entregue ao sono, debruçada sobre outro homem com os olhos fechados de torpor. Por fim, a figura central debruça o dorso sobre a mesa, com a mão esquerda repousada, enquanto a direita demonstra um desgoverno de atitude na sua maneira de segurar a jarra, no desarranjo da mesa com a malga emborcada, seguida de uma poça de vinho, além dos vestígios do repasto, como sardinhas e couves numa dispersão desordenada. Em posição secundária, dois outros atores, à direita, participam e observam, em atitude ambígua.

---

4 Sobre José Malhoa: pintor português nascido em 1855, em Caldas da Rainha, Portugal. Ainda pequeno parte para Lisboa para estudar. Frequenta a Real Academia de Belas-Artes. Foi grande retratista de rituais coletivos e dos costumes populares portugueses, dentre as varias experiências e vivências de grupo, a "celebração pagã do vinho, a embriaguez a uma mesa de taberna ou a sentimentalidade castiça e portuguesa de ouvir e cantar o fado". Participa da Exposição Universal de Paris, em 1900, onde ganha medalha de Prata. Visita o Brasil em 1906 por conta de uma exposição individual sua realizada no Real Gabinete Português de Leitura (Henriques, 2002, p.18).

5 Essa obra pertence ao Museu do Chiado (Lisboa). Encontra-se em depósito no Museu José Malhoa (Caldas da Rainha).

6 Malga: tigela ou prato fundo vidrado (Ferreira, 1986, p.1070).

Essa outra prática do beber em grupo, o beber vertigem ou o beber até cair pode ser vista como uma somatória de outros rituais, como os concursos de bebidas – competição para se aferir quem bebe mais, em rapidez ou quantidade, na busca de reconhecimento por meio do beber bem e do bem beber (Andrade, 1988, p.243). No mesmo esteio, pode ser também o resultado de uma sequência desenfreada de brindes (Schivelbusch, 1995, p.44).

A mesma tática microscópica é vista no poema de Charles Baudelaire, *O vinho dos trapeiros*, que percebe na embriaguez-vertigem--cambaleante desse personagem urbano, que se safa junto às paredes das ruas, uma atitude de desafio e afronta, o que traz à tona o consumo de bebidas alcoólicas como atividade plural, amalgamada com aspectos políticos, sociais e econômicos, e como forma de resistência e reiteração de identidade de grupo:[7]

> Vê-se um trapeiro cambaleante, a fronte inquieta,
> Rente às paredes a esgueirar-se como um poeta
> E, alheio aos guardas e alcaguetes mais abjetos,
> Abrir seu coração em gloriosos projetos.
>
> Juramentos profere e dita leis sublimes,
> Derruba os maus, perdoa as vítimas dos crimes,
> E sob o azul do céu, como um dossel suspenso,
> Embriaga-se na luz de seu talento imenso.
> (Baudelaire, 1985, p.379)

Por motivos e crenças bastante similares, Frederico Revalis, quarenta anos, nascido em Nova Iorque, foi preso no ano de 1888, quando encontrado dormindo em sono alcoólico profundo, numa carroça do Largo São Francisco, em São Paulo.[8]

Nos bares, tascas e freges da São Paulo do final do século XIX e começo do XX, os rituais do beber até cair eram frequentes. O despojamento da moderação do beber e o entornar até ficar completamente

---

7 Sobre o assunto ver Bolle (2000, p.77-8) e Benjamin (1989, p.9-29).
8 Processo criminal, n. ordem 4021, Caixa 121, Notação 2366, Autuação 1888.

embriagado eram hábitos básicos desses ambientes e as noites terminavam em largas bebedeiras (Pinto, 1994, p.254).

Mas é também nessa época que, pela primeira vez, se fala dos estragos orgânicos do beber muito, ato praticado durante um longo período de tempo e aceito até então (Nahoum-Grappe, 1989, p.83-4). Sem dúvida que esse ponto de inflexão está ligado às novas formas de perceber o corpo, o comportamento, os estados de ânimo e também a uma nova maneira de organização do trabalho e do ócio, como já foi visto.[9]

Não obstante, sobretudo a partir do começo do século XX, esse novo momento também está associado ao crescimento e à aceleração dos ritmos dos centros urbanos e ao impacto da vertigem coletiva da vida nas cidades sobre a sensibilidade dos habitantes (Saliba, 2002, p.188).

Um dos novos objetos que circulam no espaço urbano e que contribui para a reconfiguração do ritmo das ruas é o bonde. A primeira linha instalada na cidade de São Paulo, à tração animal, foi inaugurada no dia 2 de outubro de 1872. Trinta anos depois, no ano de 1901, surgiram os primeiros bondes elétricos da Light & Power (Schmidt, 1954, p.208-9). A linha inicial fazia o percurso entre o Largo São Bento e o fim da Barão de Limeira (Chácara do Carvalho) (Americano, 2004, p.186). A malha desse transporte rapidamente se espalhou, tendo em 1905 substituído completamente os bondes de burro. A concessionária Light estendeu suas linhas aos pontos principais, dentre os bairros isolados mais afastados, atravessando grandes extensões ainda não urbanizadas. Nesse contexto, os elétricos atingiam, em 1914, Santana, Penha de França, Ipiranga, Vila Prudente, Bosque da Saúde, Pinheiros e Lapa. Em 1906 estreou a única linha interurbana, que ia para Santo Amaro (Langenbuch, 1971).

E a estética cambaleante do bêbado vivenciada reiteradamente com regularidade secular passa a ser um entrave na circulação no espaço da *urbe*. Com a instalação das linhas de bondes elétricos, os atropelamentos passaram a ser cada vez mais frequentes. Os relatórios confeccionados pela empresa concessionária desse transporte coletivo

---

9 Ver capítulos 6 e 7.

dedicavam-se a traçar estatísticas de abalroamentos. Os números aumentavam vertiginosamente ano a ano. Em 1909 houve nove acidentes de morte, 72 com ferimentos, dos quais 14 eram graves. Apenas três anos depois constam 1.446 desastres, sendo 32 atropelamentos de transeuntes, seis mortes.[10]

Nesse mesmo período, foi organizada pela empresa uma vasta hemeroteca com artigos de jornal publicados, que relatam vários acidentes com bondes, cujas vítimas estavam embriagadas. Cito abaixo um exemplo, entre tantos casos, de um atropelamento fatal de um vendedor de linguiça:

> As 11 e 40 da manhã de hoje, o bonde n.41, dirigido pelo motorneiro chapa 277, da linha Posto Zootechnico, na Moóca, descia com alguma velocidade a Villa Figueiredo, por onde passava, nessa occasião, um homem de estatura regular, cabello, bigode e barbas grisalhas, que trazia sobre os hombros uma pequena cesta coberta por um panno branco.
>
> O homem andava despreoccupado, ligando pouca importância ao vehiculo, prestes a alcançal-o.
>
> O motorneiro, vendo a linha desempedida, augmentou a marcha.
>
> Num certo momento, porém, o desconhecido atravessou a linha, atirando-se sob as rodas do bonde, tendo o motorneiro feito parar o vehiculo com a maior presteza.
>
> O conductor, Accacio Trindade, chapa n. 112, saltou do seu logar, assim como o srs. coronel Raymundo Pessoa de Siqueira Campos e Augusto Affonso, este morador á rua da Moóca, 360, afim de prestar os primeiros soccorros ao infeliz.
>
> [...]
>
> A pouca distancia do bonde, foram encontrados uma cesta contendo lingüiça, um panno branco e 340 réis em dinheiro.
>
> Muitos curiosos compareceram ao local, não sendo, porem, reconhecido o pobre velho.

---

10 Relatório Anual, Eletropaulo, 1907-1909, S. Paulo, 7 de fevereiro de 1910, W. N. Walmsley, General Manager; e Relatório Jurídico, Eletropaulo, 1910-1912, São Paulo, 28 de janeiro de 1913, W. N. Walmsley, General Manager. Fonte: Fundação do Patrimônio da Energia de São Paulo.

O carniceiro José Scantara, morador á rua da Moóca, 333, e que se achava entre os curiosos, disse conhecer de vista o velho, accrescentando ser elle vendedor ambulante de lingüiça e que momentos antes passara, um pouco alcoolizado, pela rua da Moóca.[11]

A mesma história trágica é contada pelo *Commercio de São Paulo*, desta feita com direito a identificação da vítima fulminante, o negociante ambulante português Bernardino Tavares da Silva:

Hontem, pouco depois do meio dia, o português Bernardino Tavares da Silva, negociante ambulante, que um tanto alcoolisado passara pela avenida Taubaté, na Moóca, procurando atravessal-a foi colhido pelo bonde electrico n.41, da linha do Posto Zootechnico.

O motorneiro Domingos Vachelli, italiano, ao ver a imminencia do desastre fez parar o vehiculo, não conseguindo evitar, entretanto, que as rodas da frente pisassem o desgraçado homem, matando-o.[12]

Sobre o tema, outro noticiário do *Correio Paulistano* dizia respeito a um homem que, muito alcoolizado, tentou em vão atravessar a linha de bonde que percorria a Rua do Gasômetro. O veículo passava pelo local, em sua velocidade regular, mas dada sua pouca destreza, devido ao estado de ânimo, foi colhido pelo coletivo:

Na rua do Gazometro quase em frente á casa n.91, occorreu ontem ás 9 horas da noite, lamentável desastre, de que foi victima um pobre homem alcoolizado, que por alli transitava.

Trata-se de um individuo de cor parda, que não soube declarar o nome e não era conhecido das pessoas que presencearam o accidente.

A'quella hora passara pela referida rua, com regular velocidade, o bonde de cargas n. 224, conduzindo dois reboques.

O desconhecido que, como dissemos, estava alcoolizado tentou imprudentemente atravessar a linha e foi colhido pelo bonde.

11 Volume 004, Microficha 132. 1 / 3.15 p.25, *A Gazeta*, 2 jul. 1908. Fonte: Fundação do Patrimônio da Energia de São Paulo.

12 Volume 004, Microficha 132. 1/3.15 p.25, *Commercio de São Paulo*, 3 jul. 1908. Fonte: Fundação do Patrimônio da Energia de São Paulo.

[...]

Sobre o facto foi aberto inquérito, pelo capitão Oliveira Ancêde, primeiro subdelegado do Braz, que ouviu as testemunhas Roque Henrique, Vicente Carderi e Romeu Rialti, contestou um em affirmar que a victima estava em estado de embriaguez, sendo impossível ao motorneiro evitar o desastre.[13]

Sem dúvida, dentro desse contexto urbano, mais precipitado e frenético, havia pouco espaço para os bêbados debruçados sobre a poça de vinho de José Malhoa ou para Frederico Revalis, sucumbido pelo sono da embriaguez, dentro de uma carroça estacionada.

Em *O clube dos haxixins*, Théophile Gautier relata uma experiência de embriaguez em que a sua mudança de percepção em relação ao tempo é tamanha, que ele sonha que o tempo morreu e que ele caminhava para seu funeral. As pessoas, vestidas de preto, aproximavam-se dele com ar triste, e apertavam-lhe a mão, em meio a relógios paralisados. É a encenação de um sujeito com uma percepção do tempo e do espaço absolutamente deslocada e com uma saturação das sensações e dos afetos, a perda do senso e dos perigos, o abandono, a sedação, por conta da ebriedade, atravessando ruas de tráfego intenso de novos objetos tecnológicos, como bondes elétricos e carros. Diante da paisagem urbana que se forma, passa-se ao empenho de criar meios de intervir nos corpos que não obedecem, que estão em descompasso com os novos sinais e com a aceleração da velocidade dos fluxos da cidade.

Isso porque a embriaguez desencadeia uma apreensão peculiar do espaço-tempo de seu entorno. Os rostos, objetos e passagens públicas mudam sucessivamente de forma, expressão, velocidade e tamanho. O bêbado absorve-se nas suas imagens e nada o sustenta ou reprime. A conversa fica incoerente. Tenta agarrar as palavras, mas elas fogem, posto que a consciência está envenenada. Os reflexos sucumbem e surgem os picos de alegria e tristeza; chora todas as amarguras até que o sono dome tudo (London, 1993, p.44).

---

13 Recortes de Jornal. v.7, 132. 1/1. 15, *Correio Paulistano*, 5 ago. 1910. Fonte: Fundação do Patrimônio da Energia de São Paulo.

Passa horas olhando para o copo, que também pode ser uma pedra sagrada. Sente como uma eternidade a espera pelo garçom ou o bonde ou a vez. Detém-se em reconhecer as partes de seu próprio corpo e de seus gestos num deleite único. O bêbado contempla-se. Só ele mesmo se acolhe.

O riso e todas as suas próprias manifestações o impressionam tal como se fossem eventos externos. O espaço pode se expandir, o chão verte-se íngreme. Os objetos tornam-se mais sedutores ou ameaçadores, na alternância entre o sono e a vigília. Uma bagunça de buzinas pode virar um concerto ou fanfarra. Há um excesso de confiança nas próprias funções reguladoras. Os sentidos agigantam-se. As impressões acústicas e visuais sobrepõem-se, o que pode desencadear um efeito devastador das circunstâncias de espaço e uma desorientação na percepção do tempo transcorrido para deslocamento (Benjamin, 1984).

Todo esse entorpecimento cabe numa distância média de 25 centímetros, entre a boca e o copo de bebida (Rautureau, 2008, p.7). No percurso desse intervalo tão pequeno e efêmero cumprem-se tantos perigos, aventuras, rituais, costumes, gestos, um conjunto de práticas sociais cotidianas inerentes ao beber.

É mastigando, feito vidro moído, esses pequenos microacontecimentos, vertigens, ludicidades e cotidianos, completamente apartados das convenções morais vigentes e das regras de conduta e fluxos de circulação, que se percebe todo um caldo de cultura e um campo de embates, entre o olhar excludente da moça de *tailleur* ao ver seu vizinho pedindo pinga, entre o bonde e o vendedor de linguiça bêbado, entre o protocolo comedido e o pacto do brinde.

A saber, do mesmo modo que existe um vocabulário iconográfico que cerca os hábitos de consumo dos alcoóis[14], percebe-se também um vocabulário gestual, visto aqui como um conjunto de atitudes como aquisições sociais, apropriações formais e inconscientes. Trata-se aqui de um repertório gestual e moral singular, à margem de uma normatização de ações historicamente construída, do comedimento

---

14 Ver capítulo 7.

verbal, comportamental e do transitar, balizada na modéstia e nas regras da polidez.[15]

Faz parte desse repertório o livro intitulado *Alcoóis*, de Guilhaume Apollinaire (2005), uma coletânea de poemas que surpreenderam pela ausência total de vírgulas, pontos ou interrogações. Nos versos contínuos os copos estilhaçam-se com a vibração de sorrisos, agulhas de relógio andam no sentido contrário, bêbados atravessam ruas, pontes, botequins, terraços esfumaçados, linhas de bonde, cidades, redes elétricas, sem quebras ou interrupções. Ele tinha razão. A embriaguez não tem pontuação. Mas tem um escore só seu, todo particular.

---

15 A modéstia, sinônimo de temperança, é segundo Jean Schmitt (1995, p.143) uma noção que permanece atual nas regras da polidez e nos códigos de comportamento: "No vocabulário antigo e medieval, modéstia não significa certamente, ou não somente, a nossa 'modéstia'. A palavra é tomada no sentido etimológico: sua raiz *modus* significa (entre outras coisas) a medida, a justa medida, em relação à qual o respeito escrupuloso é uma virtude, nomeada precisamente a "modéstia". Para os antigos e depois para os autores cristãos, modéstia era sinônimo de *temperantia*, quando não constituía uma de suas subcategorias".

CONSIDERAÇÕES FINAIS

As coisas de que mais se fala
São as que menos existem
A embriaguez, o prazer, existem.

Arthur Schnitzler

O uso dos sentidos e sua hierarquia
vivida têm uma história.
Nesse campo, nada é ponto pacífico,
nada justifica o desdém negligente
dos especialistas.

Alain Corbin

Esta história poderia começar assim: *queixaram-se os ricos*. Ela também poderia se chamar: *apesar das queixas dos ricos*. Mas ela chama-se *alegrias engarrafadas*, porque trata de percursos dos efeitos do consumo de álcool pela cidade.

A cultura do beber foi um conjunto coerente de termos, gestos e imagens que permearam durante um longo tempo a história ocidental e resistiram, em grande parte, às mudanças. Não obstante, no século XIX, a aceleração das transformações demográficas, econômicas e culturais, a passagem de uma sociedade majoritariamente rural para um processo de urbanização, enfim, toda uma gama de alterações impregnou-se por cada fresta, e a invasão de um pensamento científico foi incorporada no olhar do especialista, do médico, do policial, nas normas e tratativas que passaram a reger as cidades.

No mesmo período em que o efeito do álcool e outras drogas é derramado em tema literário, ele surge como um novo registro de si, como um pacote de sensações, de investigações do próprio corpo, singularidades, limites, sentidos e inspirações, que Baudelaire chamaria de "lançar a personalidade aos quatro ventos" (Vigarello, 2004, p.91). O século XIX representa uma reviravolta de valores e um ponto de inflexão na história da embriaguez, já que inclui, dentro dessa mescla perturbadora, a definição e o estudo do processamento químico do álcool e a elucidação acerca de seus efeitos no organismo. Uma nova patologia aflora nos textos médicos: o alcoolismo. Surge também um novo personagem a ser estigmatizado: o alcoólatra. Nessa mesma névoa vem uma falha moral (o desmedido) e um flagelo social (a destruição da família e do trabalho).

É por isso que este livro *nunca* quis ser uma história do alcoolismo, mas sim uma história do *beber*. O termo alcoolismo não pode ser utilizado automaticamente como categoria a-histórica, que faz um rapel pela trajetória da humanidade, uma vez que essa doença só surge no XIX. Cabe como uma denominação demarcada e histórica que representou um olhar, uma vigília dos especialistas sobre um saber acumulado, que envolve um repertório de objetos, expressões, atitudes, que passou a ser tratado como inútil e gratuito. Entretanto, é uma das raras condutas corporais que, graças à repetição dos ritos, permite a manipulação do estado de consciência (Nahoum-Grappe, 1989, p.87). A saber: o bebedor não é passivo, beber é uma estratégia.

Foi para estudar essa cultura do beber que reconstruí um mosaico de um pedaço da cidade topograficamente, *linkando* fragmentos de relatos, a partir de portas, mesas, copos, coisas, acontecimentos e sujeitos recônditos, partindo do mapa da concha, do de dentro, percorrendo um *zap* pelo interior do espaço e configuração dos objetos, passando pelo desenho da rua e partindo dela para a cartografia da cidade, por meio do desenho do percurso de um sujeito ordinário.

Se a rede de vigilância está estendida, é necessário perceber como a sociedade não se reduz a ela, ou seja, entender os procedimentos cotidianos utilizados para jogar e driblar a disciplina imposta. São as astúcias dos consumidores, nos seus ritos de usos cotidianos e nas suas maneiras de apropriação dos espaços, que Certeau (1994, p. 41-2 e 45) chama de "maneiras de fazer" ou "a rede de uma antidisciplina" ou ainda "táticas de consumo".

No mais, o repúdio do beber desmedido tem de ser enxergado quando se pondera que existe muito de cultura quanto ao que se sente quando se despeja algo dentro da boca. É o que quis dizer Bruno Latour, ao relatar uma experiência realizada com seus alunos. Ele deu um vidro vazio para cada um deles; mandou que os incautos colocassem uma tarjeta escrita *veneno*, acompanhada do desenho de uma caveira. Ordenou que eles mesmos pusessem açúcar nos recipientes. Prescreveu então que eles tomassem o conteúdo desse vaso. Alguns se recusaram a ultrapassar essa etapa. Os que obedeceram sentiram-se constrangidos e desconfortáveis e não tiraram isso da cabeça por dias. A figura da caveira acompanhada do pensamento da morte estampado na embalagem foi mais forte do que a certeza do que se tratava o conteúdo.

Esse experimento de Latour nos diz muito sobre o grande santuário que é a ciência, envolto em imaginários e medos, mas também nos faz pensar sobre uma história do gosto.

E quando se fala do gosto na história não se discute sobre a anatomia da língua, não porque essa fisiologia do paladar seja uma constante imutável. Mas essa mudança anatômica é de longuíssima duração, a ponto de não interessar, porque o historiador trabalha com o movediço do gosto do ponto de vista cultural num determinado momento histórico.

É por um viés cultural que se entende, porque o amargor, a surpresa e a dor aguda, a violência alcoólica do palato no primeiro gole, além da crença de que a combustão de uma bebida de alto teor alcoólico era combustível para o corpo alambique, remédio incorporado que foi como droga potente e barata, caem por terra. E, numa virada, a cachaça não é mais bem-vinda pela manhã, e seu consumo passa a ser desaconselhado para o pobre. Ao contrário, determinado grupo abraça a força do chocolate ou do café adoçado.

É por esse prisma que se podem situar os motivos pelos quais os cheiros e barulhos dos quiosques e tabernas começaram a incomodar transeuntes supostamente mais "sofisticados" que, por sua vez, inventam de preferir o consumo das cócegas provocadas pelas bolhas e o imperativo *glamour* impresso no champanhe.

Enfim, o gosto, assim como a construção de qualquer sentido historicamente formado e culturalmente constituído, remete-nos a questões culturais de cada época e de cada grupo.

Longe de mim querer obedecer a algum impulso heroico de salvar ou resgatar qualquer sujeito perdido ou injustiçado, que não sou médica nem bombeira. Mas o fato é que os gestos, as palavras, as imagens do beber são parte de uma história popular, de uma cultura oral, milenar, de resistência, que foi debatida por Bakhtin, no seu estudo acerca de Rabelais. Ela está presente nas imagens de Pantagruel com sua grande boca aberta sempre pronta a engolir o mundo. A partir de um determinado momento, essa cultura soou muito enviesada e enferma pelos médicos, engenheiros, policiais e outras autoridades de controle.

No mesmo pé em que os alunos de Latour, que tomam o açúcar contido no invólucro envenenado por imagens, sofrem o efeito negativo e pegajoso de seus pensamentos nublados, quando se senta à mesa do botequim o bebedor já se sente melhor. Há um saber coletivamente compartilhado sobre o que é embriaguez que avisa e antecipa o bem-estar esperado antes mesmo que ele aporte. É uma ação quase *placebo* do saber sobre o beber carregado pela experiência (Nahoum-Grappe, 1989, p.165 e 174).

O beber como saber acumulado de uma prática tem de ser reconhecido enfim como inscrito numa história e numa cultura que foi bastante cercada, mas não se perdeu de todo. Os vendedores de medronho do Algarve estremecem com a visita dos vigilantes sanitários, mas bebemos conhaque com limão para curar gripes, cachaça para anular o ebó, a coisa-feita e todas as forças maléficas, inutilizando a potência adversa. E ainda brindamos à saúde dos amigos, atravessando seus corpos a nado com nossos olhares.

Referências bibliográficas e fontes

ABREU, M. *Tabernas, lugares de encontro e solidão em Setubal*. Setúbal: Museu do Trabalho/Câmara Municipal de Setúbal, 1990.

ALENCASTRO, L. F. de; RENAUX, M. L. Caras e Modos dos migrantes e imigrantes. In: ALENCASTRO, L. F. de (Org.). *História da vida privada no Brasil 2: Império*. São Paulo: Companhia das Letras, 1997. p.292-335.

ANDRADE, P. de. O beber e a tasca, práticas tabernais em corpo vínico, In: *Revista Povos e Culturas*, n.3, 1988. Lisboa: Centro de Estudos dos Povos e Culturas de Expressão Portuguesa/ Universidade Católica Portuguesa, p.223-263.

_____. A taberna mediática, local reticular de negociações sociais e sociológicas. *Revista Crítica e Ciências Sociais*, Lisboa, n.33, out. 1991, p.265-86.

APOLLINAIRE, G. *Alcoóis e outros poemas*. São Paulo: Martin Claret, 2005.

APPIGNANESI, L. *The Cabaret*. New Haven and London: Yale University Press, 2004.

ARAÚJO, M. L. V.Os interiores domésticos após a expansão da economia exportadora paulista. *Anais do Museu Paulista*, São Paulo, v.12, p.129-60, jan./dez. 2004.

BACHELARD, G. *A psicanálise do fogo*. São Paulo: Martins Fontes, 1994.

_____. *A poética do espaço*. São Paulo: Martins Fontes, 2003.

BAKHTIN, M. M. *A cultura popular na Idade Média e no Renascimento:* o contexto de François Rabelais. São Paulo: Hucitec, 1987.

BANANÉRE, J. *As cartas d'Abaixo Piques* (organização e estudo de Benedito Antunes). São Paulo: Unesp, 1998.

BANDEIRA, M. *Os melhores poemas de Manuel Bandeira*. São Paulo: Global, 1988.

BARBUY, H. *A cidade – exposição*: comércio e cosmopolitismo em São Paulo, 1860-1914. São Paulo: Edusp, 2006.

BARREIRO, J. C. *A Rua e a taberna*. Algumas considerações teóricas sobre cultura popular e cultura política. Revista de História, São Paulo: Unesp, 1997.

BARRO, M. *Nossa Senhora do Ó*, Departamento do Patrimônio Histórico, Divisão de Arquivo Histórico, Série História dos Bairros de São Paulo, São Paulo, s. d.

BATAILLE, G. *O erotismo*. Porto Alegre: L&PM, 1987.

BAUDELAIRE, C. *As flores do mal*. Rio de Janeiro: Nova Fronteira, 1985.

_____. *Paraísos artificiais*. Porto Alegre: L&PM, 1998.

BENEVOLO, L. *História da cidade*. São Paulo: Perspectiva, 2005.

BENJAMIN, W. *O haxixe*. São Paulo: Brasiliense, 1984.

_____. *Obras escolhidas III – Charles Baudelaire. Um lírico no auge do capitalismo*. São Paulo: Brasiliense, 1989.

_____. *Passagens*. Belo Horizonte/São Paulo: UFMG/Imprensa Oficial, 2006.

BLAKE, W. *O Matrimônio do Céu e do Inferno*. São Paulo: Iluminuras, 2001.

BOLLE, W. *Fisiognomia da metrópole moderna*: representação da história em Walter Benjamin. São Paulo: Edusp, 2000.

BONY, C. *Uma história de quiosques*. Lisboa: Artemágica, 2004.

BORCOSQUE ROMERO, L. A. *A vitivinicultura no Estado de São Paulo* 1880-1950. Campinas, 2004. Dissertação (Mestrado) – Unicamp.

BRANDÃO, J. *Grandeza e abastança de Lisboa em 1552*. Lisboa: Livros Horizonte, 1990.

BRAUDEL, F. *Civilização material, economia e capitalismo*. Lisboa: Cosmos, 1970.

BRESCIANI, M. S. Condições de vida do escravo na província de São Paulo no século XIX. *Revista do Arquivo Municipal, São Paulo*, v.CXCII – jan.-dez 1979.

CAMPOS, A. L. de A. Vida cotidiana e lazer em São Paulo oitocentista. In: PORTA, P. (Org.). *História da cidade de São Paulo*. São Paulo: Paz e Terra, 2004, v.II, p.251-305.

CAMPOS, C. *São Paulo pela lente da higiene*: as propostas de Geraldo Horácio de Paula Souza para a cidade (1925-1945). São Carlos: Rima, 2002.

CARNEIRO, H. *Pequena enciclopédia da história das drogas e bebidas*. Rio de Janeiro: Elsevier, 2005.

CARONE, E. Madame Pommery Companhia Limitada. In: *Da esquerda à direita*. Belo Horizonte: Oficina do Livro, 1991. p.123-5.

CARS J.; PINON, P. *Paris – Haussmann*. Paris: Picard, 2005.

CARVALHO, V. C. de. Gênero e cultura material: uma introdução bibliográfica. *Anais do Museu Paulista*, São Paulo, v.8/9, p.293-324, 2000-2001.

CASCUDO, L. da C. *Prelúdio da cachaça*. Belo Horizonte: Itatiaia, 1986.

_____. *História da alimentação no Brasil*. São Paulo: Global, 2004.

CERTEAU, M. de. *A invenção do cotidiano* – Artes de fazer. Petrópolis: Vozes, 1994.

_____. História de corpos, entrevista concedida a Georges Vigarello. *Revista Projeto História, Corpo e Cultura*, Revista do Programa de Estudos Pósgraduados em História e do Departamento de História, PUC-SP, São Paulo, n.25, dez. 2002.

CHALHOUB, S. Trabalho, lar e botequim. São Paulo: Brasiliense. 1986.

_____. Cidade febril. In: *Cortiços e epidemias na corte imperial*. São Paulo: Companhia das Letras, 1996.

CHARTIER, R. *História cultural*: entre práticas e representações. Lisboa/Rio de Janeiro: Difel/Bertrand do Brasil, 1995.

_____. Do livro à leitura. In: _____. (Org.). *Práticas de leitura*. São Paulo: Estação Liberdade, 2001.

CHEVALIER, J.; GHEERBRANT, A. *Dicionário de símbolos*. Rio de Janeiro: J. Olympio, 1997.

COCTEAU, J. *Ópio, diário de uma desintoxicação*. São Paulo: Brasiliense, 1985.

COELHO, E. C. *As profissões imperiais*: medicina, engenharia e advocacia no Rio de Janeiro, 1822-1930. Rio de Janeiro: Record, 1999.

CORBIN, A. *O território do vazio*. São Paulo: Companhia das Letras, 1989.

_____. Bastidores. In: PERROT, M. (Org.) *História da vida privada 4* (da Revolução Francesa à Primeira Guerra), cap.4. São Paulo: Companhia das Letras, 1991, p.413-613.

_____. *Le monde retrouvé de Louis François Pinagot* (sur les traces d'um inconnu). Paris: Flammarion, 1998.

_____. Uma história quase impossível (entrevista a Denise Bernuzzi de Sant'anna). *Revista Projeto História*. São Paulo: PUC/SP/Educ, n.19, nov.1999.

_____. *Saberes e odores*: o olfato e o imaginário social nos séculos XVII e XIX. São Paulo: Companhia das Letras, 2002.

_____. *História del Cuerpo*, v.2, dela Revolución Francesa a La Gran Guerra. Madrid: Taurus Santillana, 2005.

CORNETTE, J. La révolution des objets. Le Paris des inventaires après décès (XVII-XVIII siècles). *Revue d'histoire moderne et contemporaine*, p.483-5, jul./sept. 1989.

COSTA, J. R. M. *O livro dos provérbios portugueses*. Lisboa: Presença, 1999.

COSTA, J. F. *Ordem médica e norma familiar*. Rio de Janeiro: Graal, 1989.

DAGONET, F. *Rematérialiser, matiéres e materialismes*. Paris: B.U. Sciences, 1985.

DARGELOS, B. *La lute antialcoolique depuis le XIX siècle*. Paris: Dalloz, 2008.

DELAHAYE, M.-C. *Absinthe, the living legend*. Saint-Remy-de-Provence: Équinoxe, 2005.

_____. *Absinthe, au feminine*. Saint-Remy-de-Provence: Équinoxe, 2007.

DEPARTAMENTO DE PATRIMÔNIO HISTÓRICO DA ELETRO-PAULO. A Cidade da Light: 1899-1930. São Paulo. Superintendência de Comunicação/Departamento de Patrimônio Histórico/ Eletropaulo, 1990.

DIAS, M. O. L. da S. *Quotidiano e poder em São Paulo no século XIX*. São Paulo: Brasiliense, 1984.

DIAS, M. T. *Os cafés de Lisboa*. Coimbra: Quimera, 1999.

ESCOHOTADO, A. *Historia de las drogas*. Madrid: Alianza, 1989.

FAVIER, A.; THOUVENOT, C. Une méthode de cartographie de las sensibilité alimentaire en France. In: *Ethnologie française*, tome 10, n.3, 1980, p.273-86.

FEBVRE, L. La sensibilité et l'histoire. In: *Combats pour l'histoire*. 2.ed. Paris: Armand Colin, 1965. p.221-38.

FERNANDES, F. *A integração do negro à sociedade de classes*. Rio de Janeiro: Centro Brasileiro de Pesquisas Educacionais/Instituto Nacional de Estudos Pedagógicos/Ministério da Educação e Cultura, 1964.

FERREIRA, B. *O nobre e antigo bairro da Sé*. São Paulo: Prefeitura Municipal de São Paulo, s. d. (Coleção História dos Bairros)

FLANDRIN, J. L. *História da alimentação*. São Paulo: Estação Liberdade, 1998.

FONTES, L. *As tabernas de Braga*. Braga: Gráfica São Vicente, 1987. Separata da Mínia, 2ª. série, 8, 1986.

FORTES, J. R. A., Conceito e definição de alcoolismo. In: *Alcoolismo*. Diagnóstico e tratamento. São Paulo: Sarvier. 1991.

FOUCAULT, M. Tecnologias de si. *Revista Verve* (Revisa Semestral do Nu-Sol – Núcleo de Sociabilidade Libertária Programas de Estudos Pós – graduados em Ciências Sociais, São Paulo: PUC-SP, n.6, 2004, p.321-60.

FRAGA FILHO, W. *Mendigos, moleques e vadios na Bahia do século XIX*. São Paulo/Salvador: Hucitec/Edufba, 1996.

GAUTIER, T. *O clube dos haxixins*. Porto Alegre: L&PM, 1986.

GEREMEK, B. *Os filhos de Caim:* vagabundos e miseráveis na literatura europeia 1400-1700. São Paulo: Companhia das Letras, 1995.

GIL, A. C. A. Os espaços de sociabilidade no processo de constituição de identidade argentina. *Anais Eletrônicos do III Encontro da ANPHLAC*. São Paulo, 1998. Disponível em: <http://www.anphlac.org/periodicos/anais/encontro3/tom_gil.pdf.> Acesso em 3 jan.2010.

GINSBURG, C. *Mitos, emblemas e sinais*. São Paulo: Companhia das Letras, 1989.

GLUCK, M. *Popular Bohemia*. Cambridge: Harvard, 2005.

GODOY, O. de. Fatores da criminalidade na capital de São Paulo. *Revista do Arquivo Municipal, São Paulo*, v.LXIII – janeiro de 1940.

GODOY, O. de. Imigração e criminalidade. *Revista do Arquivo Municipal, São Paulo*, v.LXVII, junho de 1940.

GOLDI, E. A. *Videiras americanas*. Rio de Janeiro: Typ. Universal Laemmert, 1890.

GORELIK, A. *La grilla y el parque*: espacio público y cultura urbana en Buenos Aires, 1887-1936. Bernal: Universidade Nacional de Quilmes, 2004.

HELDER, P. *Ó meu santo protector (Santo António nas lojas do Porto)*. Porto: Campo das Letras, 1999.

HENRIQUES, P. *José Malhoa*. Lisboa: Inapa, 2002. (Coleção Pintura Portuguesa do Século XIX)

HOLLOWAY, T. H. *Polícia no Rio de Janeiro* (repressão e resistência numa cidade do século XIX). Rio de Janeiro: Fundação Getúlio Vargas, 1997.

INSTITUTO CULTURAL ITAÚ. *Praça da Sé*. Cadernos da Cidade de São Paulo. São Paulo: ICI,1994.

INSTITUTO MOREIRA SALLES. *São Paulo de Vincenzo Pastore*: fotografias. São Paulo: Instituto Moreira Salles, 1997.

_____. *São Paulo 450 anos*. Cadernos de Fotografia. São Paulo: Instituto Moreira Salles, 2004.

JANOVITCH, P. E. *O Menir de Pommery*. São Paulo, 1994. Dissertação (Mestrado) – Pontifícia Universidade Católica.

JOHNSON, H. *A história do vinho*. São Paulo: Companhia das Letras, 1999.

KHOUYA, M. *Memoires des rues, Paris 3º arrondissement 1900-1940*. Paris: Parimagine, 2007.

KOSSOY, B. Luzes e sombras da metrópole: um século de fotografias em São Paulo (1850-1950). In: PORTA, P. (Org.). *História da cidade de São Paulo*. São Paulo: Paz e Terra, 2004. v.2, p.387-456.

KRACAUER, S. *Rues de Berlin et d'ailleurs*. Paris: Gallimard, 1995.

_____. *Offenbach o el secreto del Segundo Imperio*. Buenos Aires: Siglo Veinte, s. d.

LAGO, P. C. do. *Iconografia paulistana do século XIX*. Rio de Janeiro: Capivara, 2003.

LANGENBUCH, J. R. *A estruturação da Grande São Paulo*, estudo de geografia urbana. Rio de Janeiro, 1971. Tese (Doutoramento) – Faculdade de Filosofia, Ciências e Letras de Rio Claro, da Universidade de Campinas, Fundação IBGE.

LATOUR, B. *Jamais fomos modernos*. São Paulo: Ed. 34, 2009.

LE MEN, S. As imagens sociais do corpo. In: CORBIN, A. (Org.), *Historia del Cuerpo*, v.2, de la Revolución Francesa a La Gran Guerra. Madrid: Taurus Santillana, 2005. p.117-38.

LEMOS, C. A. C. *Casa paulista*: história das moradias anteriores ao ecletismo trazido pelo café. São Paulo: Edusp, 1999.

LESACHER, A.-F.; SCLARESKY, M.; CHAMPOLLION, H. *Paris Hier&Aujourd'hui*. Rennes: Editions Ouest-France, 2008.

LIMA, H. *História da caricatura no Brasil*. Rio de Janeiro: J. Olympio, 1963.

LISPECTOR, C. *Melhores contos*. São Paulo: Global, 2001.

LOBO, E. M. L. *Imigração portuguesa no Brasil*. São Paulo: Hucitec, 2001.

LONDON, J. *Memórias alcoólicas*. São Paulo: Paulicéia, 1993.

MACHADO, M. C. *Guia das tascas de Portugal*. Lisboa: Inapa/ Brisa, 2007.

MADUREIRA, N. L. M. *Cidade:* espaço e quotidiano (Lisboa 1740-1830). Lisboa: Horizonte, 1992.

MADUREIRA, N. L. M. *Inventários:* aspectos do consumo e da vida material em Lisboa nos finais do Antigo Regime. Lisboa, 1989. Dissertação (Mestrado em Economia e Ciências Históricas) – Universidade Nova de Lisboa.

MAGALHÃES, D. M. A taberna: usos do espaço e do tempo. *Revista da Faculdade de Letras* (Sociologia), I série, v.VI, Porto, 1996, p.213-29.

MARINS, P. C. G. Habitação e vizinhança: limites da privacidade no surgimento das metrópoles brasileiras. In: SEVCENKO, N. (Org.). *História da vida privada no Brasil 3*: República. São Paulo: Companhia das Letras, 1998. p.131-214.

MARTINS, A. L. *História do Café*. São Paulo: Contexto, 2008.

MARVILLE, C. *Paris photographié au temps d'Haussmann*. Paris: Les Éditions du Mécene, 2008.

MAZZIERO, J. B. *Plebe não proletarizada em São Paulo:* 1870/1920. São Paulo, 1996. Dissertação (Mestrado) – PUC/SP.

MELLO E SOUZA, L. de. *Desclassificados do ouro*: a pobreza mineira no século XVIII. Rio de Janeiro: Graal, 1990.

MENEZES, W. C. de. O punga saiu do entulho: o pequeno comércio do Rio de Janeiro às vésperas da reforma Pereira Passos. *Revista Rio de Janeiro*, n.10, maio-ago., 2003. Dossiê Temático.

MONCAN, P. de; HEURTEUX, C. *Le Paris d'Haussmann*. Paris: Les Éditions du Mécène, 2002.

MOUTINHO, M. *Arquitetura popular portuguesa*. Lisboa: Estampa, 1995.

MUSÉE CARNAVALET. *Histoire de Paris*. Paris: Societé Francaise de Promotion Artistique, 2007.

NAHOUM-GRAPPE, V. Histoire et anthropologie du Boire en France du XVI au XVIII siècle. In: LE VOT-IFRAH, Cl.; MATHELIN, Marie; _____. De l'ivresse à l'alcoolisme: études ethnopsychanalytiques. Paris: Bordas, 1989. p.83-169.

_____. La risa del bebedor, el rictus del toxicomano. In: EHRENBERG, A. et al. (Org). Individuos bajo influencia. Buenos Aires: Nueva Visión, 2004. p.159-76.

NERUDA, P. Amor e poesia (antologia poética). Rio de Janeiro: J. Olympio, 1983.

NOSSO SÉCULO (1900/1910). São Paulo: Abril Cultural, 1985.

OLIVEIRA, M. L. F. de. Em Casas térreas com alcovas. Formas de morar entre os setores medidos em São Paulo. 1875 e 1900. Anais do Museu Paulista, História e Cultura Material. São Paulo: v.12, jan.-dez. 2004, p.55-76.

_____. Entre a casa e o armazém: relações sociais e experiência da urbanização (São Paulo, 1850-1900). São Paulo: Alameda, 2005.

OLIVER, G. de S. Debates científicos e a produção do vinho paulista 1890-1930. Rev. Bras. Hist, v.27, n.54, São Paulo, dez. 2007.

PACHECO, H. Tradições e agires (as freguesias do Porto). Revista Povos e Culturas. Lisboa: Centro de Estudos dos Povos e Culturas de Expressão Portuguesa/Universidade Católica Portuguesa, n.3, 1988. p.125-67.

_____. Prefácio. In: PINTO, R. S. As tascas do Porto. Porto: Afrontamento, 2008.

PECHMAN, Roberta. M. Os excluídos da rua: ordem urbana e cultura popular. In: BRESCHIANI, S. (Org.) Imagens da cidade. São Paulo: Anpuh/Marco Zero/Fapesp, 1994.

PEDREIRA, J. M. de M. Os homens de negócio da Praça de Lisboa de Pombal ao vintismo (1755-1822). Lisboa, 1995. Tese (Doutoramento) – Universidade Nova de Lisboa.

PEREIRA, V. Café com quê?! Sociologia (Revista da Faculdade de Letras da Universidade do Porto), I série v.V, Porto, 1995, p.151-76.

PERROT, M. Os excluídos da história. Operários, mulheres e prisioneiros. Rio de Janeiro: Paz e Terra, 1988.

PESAVENTO, S. J. Lugares malditos: a cidade do "outro" no sul brasileiro (Porto Alegre, passagem do século XIX ao século XX). Revista Brasileira de História, v.19, n.37, São Paulo, set. 1999.

_____. História & História Cultural. Belo Horizonte: Autêntica, 2005.

PESEZ, J.-M. História da cultura material. In: LE GOFF, J.; CHARTIER, R.; REVEL, J. (Dir.). A História Nova. São Paulo: Martins Fontes, 2001. p.177-213.

PESSOA, F. Ficções do Interlúdio 4: Poesias de Álvaro de Campos. Rio de Janeiro: Nova Fronteira, 1983.

PICCAZIO, C. *Como fazer cerveja*. São Paulo: Editora Três, 1985.

PINTO, M. I. M. B. *Cotidiano e sobrevivência*: a vida do trabalhador pobre na cidade de São Paulo (1890-1914). São Paulo: Edusp, 1994.

PINTO, R. S. *As tascas do Porto*. Porto: Afrontamento, 2008.

PONGE, F. *O partido das coisas*. São Paulo: Iluminuras, 2000.

PORTER, R. *Das tripas coração*. São Paulo: Record, 2004.

QUINCEY, T. de. *Confissões de um comedor de ópio*. Porto Alegre: L&PM, 1982.

RADWAN, A. *Memoires des rues, Paris 4º arrondissement 1900-1940*. Paris: Parimagine, 2007.

RAGO, L. M. *Do Cabaré ao lar:* a utopia da cidade disciplinar (Brasil 1890-1930), Rio de Janeiro: Paz e Terra, 1985.

_____. *Os prazeres da noite* (prostituição e códigos da sexualidade feminina em São Paulo – 1890-1930). Rio de Janeiro: Paz e Terra, 1991.

_____. A invenção do cotidiano na metrópole. In: PORTA, P. (Org). *História da cidade de São Paulo*. São Paulo: Paz e Terra, 2004.

RAUTUREAU, A. *Le Bar*. Paris: Quespire Éditeur, 2008.

RAYBAUT, P. Les boissons dans une vallée agro-pastorale de la Provence orientale. In: *Ethnologie française*. Paris: nouvelle série, tome 10, n.3, 1980, p.257-72.

REDE, M. História a partir das coisas: tendências recentes nos estudos de cultura material. *Anais do Museu Paulista*, USP, São Paulo, v.4, p.265-82, jan./dez. 1996.

_____. Estudos de cultura material: uma vertente francesa. *Anais do Museu Paulista*, USP, São Paulo, v.8/9, p. 281-91, jan./dez. 2000/2001 (ed. 2003).

REVEL, J. Microanálise e construção do social. In: _____ (Org). *Jogos de escalas*: a experiência da microanálise. Rio de Janeiro: FGV, 1998.

RIBEIRO, M. Alice Rosa. *História sem fim... inventário da saúde pública* (São Paulo – 1880-1930). São Paulo: Edunesp, 1993.

RIMBAUD, A. *Rimbaud livre*. São Paulo: Perspectiva, 1992.

ROCHE, D. *História das coisas banais*: nascimento do consumo nas sociedades do século XVII ao XIX. Rio de Janeiro: Rocco, 2000.

RODRIGUES, J. M. *Tabernas* (percursos na memória do Concelho de Grândola). Grândola: Marca, 1998.

ROLNIK, Raquel. *A cidade e a lei*: legislação, política urbana e territórios na cidade de São Paulo. São Paulo: Studio Nobel/Fapesp, 1999. (Coleção Cidade Aberta)

RONCAYOLO, M. Cidade. In: *Região*. Enciclopédia Einaudi. Lisboa: Imprensa Nacional, Casa da Moeda, 1986.

SALIBA, E. T. *Raízes do riso*. São Paulo: Companhia das Letras, 2002.

_____. A dimensão cômica da vida privada na República. In: *História da vida privada no Brasil*, São Paulo: Companhia das Letras, 2003.

SANT'ANNA, D. B. de. O Corpo na cidade das águas: São Paulo (1840-1910) *Revista Projeto História*, Revista do Programa de Pós-graduados em História e do Departamento de História, PUC-SP, São Paulo, n.25, dez. 2002.

_____. *Cidade das águas:* usos de rios, córregos, bicas e chafarizes em São Paulo (1822-1901). São Paulo: Ed. Senac, 2007.

SCHAPOCHNIK, N. Cartões – postais, álbuns de família e ícones da intimidade. In: SEVCENKO, N. (Org.). *História da vida privada no Brasil 3*: República. São Paulo: Companhia das Letras, 1998. p.423-512.

SCHIVELBUSCH, W. *Historia de los estimulantes*. Barcelona: Anagrama, 1995.

SCHMITT, J.-C. A moral dos gestos. In: SANT'ANNA, D. B. de (Org.). *Políticas do corpo*. São Paulo: Estação Liberdade, 1995.

SCHNITZLER, A. *A ronda do amor*. s.l.: s.n., s.d.

SEVCENKO, N. *Orfeu extático na metrópole*. São Paulo: Companhia das Letras, 1992.

_____. A capital irradiante: técnica, ritmos e ritos do Rio. In: _____. (Org.). *História da vida privada no Brasil 3*: República. São Paulo: Companhia das Letras, 1998. p.513-619.

_____. O prelúdio republicano. In: _____. (Org.). *História da vida privada no Brasil 3*: República. São Paulo: Companhia das Letras, 1998. p.7-48.

SILVA, G. *Porto, uma cidade a descobrir*. Lisboa: Editorial Notícias, 2002.

SILVA, J. T. da. *São Paulo 1554-1880*: Discurso ideológico e organização espacial. São Paulo: Moderna, s. d.

SILVA, J. L. M. *Alimentação de rua na cidade de São Paulo (1828-1900)*. São Paulo, 2008. Tese (Doutorado) – FFLCH-USP.

SILVA, M. B. N. da. *Documentos para a história da imigração portuguesa no Brasil (1850-1938)*. Rio de Janeiro: Nórdica, 1992.

SOUTO MAIOR, M. *Cachaça*. Brasília: Thesaurus, 2005.

THIERRY, F. Manières de boire et alcoolisme dans l'Ouest de La France au XIX siècle. In: *Ethnologie française*. Paris: nouvelle serie, tome 14, n.4, 1984, p.377-388.

THOMPSON, E. P. *A formação da classe operária*. São Paulo: Paz e Terra, 1987.

TOLEDO, B. L. de. *São Paulo:* três cidades em um século. São Paulo: Cosac & Naif/Duas Cidades, 2004.

VIGARELLO, G. O Trabalho dos corpos e do espaço. In: *Projeto História*. São Paulo: PUC/SP, n.13, jun.1996.

_____. La droga, tiene un pasado? In: EHRENBERG, Al. et al. (Org.). *Individuos bajo influencia*. Buenos Aires: Nueva Visión, 2004. p.79-92.

_____. *Lo sano y lo malsano* (Historia de las prácticas de la salud desde la Edad Media hasta nuestros días). Madrid: Abada, 2006.

Fontes

Periódicos

A Gazeta, 1908.

A Província de São Paulo, 1875 – 1889.

Commercio de São Paulo, 1908.

Correio Paulistano, 1854 e 1910.

D. Quixote, 1917 - 1918. Fundação Biblioteca Nacional.

O Cabrião, 1867.

O Estado de S. Paulo, 1898 - 1901.

O Malho, 1905-1916; 1952. Fundação Biblioteca Nacional.

O Mercúrio, 1898. Fundação Biblioteca Nacional.

O Pirralho, 1917.

Revue d'Hygiène et Police Sanitaire. Paris: Masson, 1879-1921.

Almanaques

Almanak Administrativo, Mercantil e Industrial da Província de São Paulo, 1857. Instituto Histórico e Geográfico de São Paulo.

Almanak Administrativo, Mercantil e Industrial da Província de São Paulo, 1858. Instituto Histórico e Geográfico de São Paulo.

Almanak da Provincia de São Paulo para 1873, organizado e publicado por Antonio José Baptista de Luné e Paulo Delfino da Fonseca. Reprodução fac-similar da edição publicada pela typografhia Americana, em 1873, São Paulo, Imprensa Oficial do Estado, Arquivo do Estado, 1985. Instituto Histórico e Geográfico de São Paulo.

Almanaque Brasileiro Garnier. Rio de Janeiro. 1914.

Annuario Commercial do Estado de São Paulo. 1904, São Paulo.

Completo Almanak Administrativo, Commercial e Profissional do Estado de São Paulo para 1895 (contendo todos os municípios e distritos de paz), nono anno, reorganizado segundo os decretos por Canuto Thorman, São Paulo, Editora Companhia Industrial de São Paulo, 1895.

Indicador de São Paulo Administrativo, Judicial, Industrial, Profissional e Comercial para o ano de 1878.

Atas da Câmara

Annaes da Camara Municipal de São Paulo, 1906 e 1907. Organizados pelo tachygrapho, Manuel Alves de Souza, S. Paulo. Biblioteca do Arquivo Municipal Washington Luís.

Atas da Câmara da cidade de São Paulo publicação da Subdivisão de Documentação Histórica, Departamento de Cultura, Divisão de Documentação Histórica e Social, 1940, Vol. 41, 58, 61,63, 64, 65, 66, 67, 68.

Coleções

Álbum Comparativo da Cidade de São Paulo 1862-1887, Militão Augusto de Azevedo, Prefeitura do Município de São Paulo/ Secretaria Municipal de Cultura/ Departamento de Patrimônio Histórico, São Paulo, 1981.

Coleção das leis e posturas municipais promulgadas pela Assembleia Legislativa de São Paulo.

Coleção de cartazes da Biblioteca Histórica da cidade de Paris.

Coleção do Acervo Iconográfico da Casa da Imagem/Museu da Cidade de São Paulo.

Coleção Guilherme Gaensly. Acervo: Fundação Patrimônio da Energia.

Coleção *L'enseignes parisiens*, Musée Carnavalet.

Coleção Vincenzo Pastore, c. 1910. Fonte: Instituto Moreira Salles.

Crimes em São Paulo. *Catálogo do Arquivo do Estado de São Paulo*. São Paulo: IMESP, 1998. Cap. II, art. 2, p. 367.

O Cabrião, Edição fac-similar, São Paulo: Imprensa do Estado de São Paulo, 1982.

DAUMIER, H. Capo Press – Collectors Editions, Loy Delteil, Le Peintre, Graveur, Illustré, Nova York, 1969. Gabinete de Estampas e Fotografias da Biblioteca Nacional Francesa.

Inventários

Inventário de Bernardo Martins Meira, Arquivo Judiciário do Estado de São Paulo, Processo 689/1876

Inventário de José Barbosa Braga, Arquivo Judiciário do Estado de São Paulo, Processo 2372/1875

Cronistas e memorialistas da cidade

ALMEIDA JUNIOR, A. Sobre o aguardentismo colonial. *Revista do Arquivo Municipal, São Paulo*, v.LXXII – nov/dez de 1940.

ALMEIDA, A. Vida cotidiana da capitania de São Paulo (1722-1822). In: MOURA, C. E. M. de (Org.). *Vida cotidiana em São Paulo no século XIX:* memórias, depoimentos, evocações. Cotia/São Paulo: Ateliê Editorial/ Fundação Editora da Unesp/ Imprensa Oficial do Estado/ Secretaria do Estado da Cultura, 1998. p.5-75.

ALMEIDA, P. de. *A Escola byroniana no Brasil.* São Paulo: Conselho Estadual de Cultura/Comissão de Literatura, 1962.

AMARAL, F. Pompêo do. A alimentação da população Paulistana. In: *Revista do Arquivo Municipal*, São Paulo, v.90 (v.XC, maio junho de 1943), p.55-87, 1943.

AMERICANO, J. *São Paulo naquele tempo* (1895-1915). São Paulo: Carrenho Editorial/ Narrativa Um/Carbono 14, 2004.

BARROS, M. P. de, No tempo de dantes. In: MOURA, C. E. M. (Org.). *Vida cotidiana em São Paulo no século XIX:* memórias, depoimentos, evocações. Cotia: Ateliê Editorial, 1998. p. 79-148

BRANCO, J. Festas populares. *Revista do Arquivo Municipal, São Paulo*, v.XXIV – junho de 1936.

BRUNO, E. da S. *História e tradições da cidade de São Paulo.* São Paulo: Hucitec, 1991.

_____. *Equipamentos, usos e costumes da Casa Brasileira.* São Paulo: Museu da Casa Brasileira, 2001.

BUENO, F. de A. V. A cidade de São Paulo – recordações evocadas de memória. In: MOURA, C. E. M. (Org.). *Vida cotidiana em São Paulo no século XIX:* memórias, depoimentos, evocações. Cotia: Ateliê Editorial, 1998. p.149-70.

CEZAR, O. O álcool através dos tempos. *Revista do Arquivo Municipal, São Paulo*, v.XCII – ago./set. 1943.

FLOREAL, S. *Ronda da Meia-Noite* (vícios, misérias e esplendores da cidade de São Paulo). São Paulo: Boitempo, 2002.

FREITAS, A. A de. As Casinhas. *Revista do Arquivo Municipal, São Paulo*, v.III, ago. 1934.

_____. Dona Ana Curandeira. *Revista do Arquivo Municipal, São Paulo*, v.VIII – jan. 1935.

_____. *Tradições e reminiscências paulistanas.* Belo Horizonte/São Paulo: Itatiaia/Edusp, 1985.

GONÇALVES, E. *Os grandes bandidos.* São Paulo: Casa Vanorden, 1919.

KOSERITZ, C. Von. *Imagens do Brasil*. São Paulo: Edusp, 1972.

MACHADO, A. de A. *Novelas paulistanas*. Belo Horizonte/São Paulo: Itatiaia/Edusp, 1988.

MARTINS, A. E. *São Paulo antigo (1554-1910)*. São Paulo: Paz e Terra, 2003.

MAWE, J. *Viagens ao interior do Brasil (1807-1810)*. Belo Horizonte/São Paulo: Itatiaia/Edusp, 1978.

MENEZES, M. E. de. *Mercadão: o novo e o velho mercado de São Paulo*. São Paulo: Formarte, 2004.

MENEZES, R. *Histórias da história de São Paulo*. São Paulo: Melhoramentos, 1954.

_____. *São Paulo dos nossos avós*. São Paulo: Saraiva, 1969.

MILANO, M. *Os fantasmas da São Paulo antiga*. São Paulo: Saraiva, 1949.

MOTTA, C. *Cesário Mota e seu Tempo*. São Paulo: João Bentivegna, 1947.

PONTES, J. A. V. *São Paulo de Piratininga: de pouso de tropas a metrópole*. São Paulo: OESP; Terceiro Nome, 2003.

QUEIROZ, A. Provérbios e ditos populares. *Revista do Arquivo Municipal, São Paulo*, v.XXXVIII – ago. 1937.

RAFFARD, H. *Alguns dias na paulicéia*. São Paulo: Biblioteca Paulista de Letras, 1977.

SAINT-HILAIRE, A. de. *Viagem à província de São Paulo*. Belo Horizonte/São Paulo: Itatiaia/Edusp, 1976.

SANT'ANNA, N. As casinhas, o primeiro mercado de São Paulo. *Revista do Arquivo Municipal, São Paulo*, v.XIV – jul. 1935.

_____. *São Paulo histórico* (aspectos, lendas e costumes). v.III e V. São Paulo: Departamento de Cultura, 1939.

_____. *Metrópole*. São Paulo: Departamento de Cultura. v.2. s. d.

SÃO PAULO. 450 anos: cadernos de fotografias brasileiras. São Paulo: Instituto Moreira Salles, 2004.

SCHMIDT, A. *Os boêmios*. São Paulo: Clube do Livro, 1952.

_____. *São Paulo de meus amores*. São Paulo: Paz e Terra, 2003 (primeira edição: 1954).

_____. *Mistérios de São Paulo*. São Paulo: Clube do Livro, 1955.

SESSO, G. *Retalhos da velha São Paulo*. São Paulo: Oesp/Maltese, 1986.

SOUSA, E. V. P. de. A Paulicéia há 60 anos. *Revista do Arquivo Municipal, São Paulo*, v.CXI, nov/dez 1946, 2004. p.117-26.

TÁCITO, H. *Madame Pommery*. São Paulo: Academia Paulista de Letras, 1977.

TAUNAY, Afonso d'E. *S. Paulo nos primeiros annos (1554-1601):* ensaio de reconstituição social. Tours: E. Arrault, 1920.

_____. *São Paulo no século XVI:* história da villa de Piratininga. Tours: E. Arrault, 1921.

TERRA Paulista: a formação do Estado de São Paulo: seus habitantes e os usos da terra. São Paulo: Cenpec, 2004.

TERRA Paulista: modos de vida dos paulistas: identidades, famílias e espaços domésticos. São Paulo: Cenpec, 2004.

Processos criminais

Documentos dos juízos da capital. 1872-1889. Corresponde a uma parcela da documentação proveniente das ações do Poder Judiciário da Cidade de São Paulo. Arquivo do Público do Estado de São Paulo

Dicionários, cartilhas e manuscritos

CHERNOVIZ, P. L. N. *Diccionario de Medicina Popular (em que se descrevem em linguagem accommodada á intelligencia das pessoas estranhas á sciencia medica).* 3a. ed. Paris: em casa do autor, Rua de Passy, 10 bis, 1862.

CHEVALIER, J.; GHEERBRANT, A. *Dicionário de símbolos,* Rio de Janeiro: J. Olympio, 1997.

COELHO, F. A. *Diccionario Manual Etymologico da Língua Portugueza.* Lisboa: P. Plantier, 1900.

DEPARTAMENTO DE CULTURA SÃO PAULO. Código de Posturas do Município de São Paulo – 6 de Outubro de 1886, Publicado em 1940 pelo Departamento de Cultura – São Paulo.

DEPARTAMENTO DE POLÍCIA E HIGIENE. Arquivo Municipal Washington Luís, Seção: Manuscritos, CAIXA, PJ19 – 1908, PMSP, Procuradoria Judicial, Relevância de multa, 30.3.1908.

FERREIRA, A. B. de H. *Novo dicionário da Língua Portuguesa.* Rio de Janeiro: Nova Fronteira, 1986.

FUNDO CMSP – INTDM – PMSP, Série: Impostos, Livro: 1840 – Imposto Indústria e Profissão – lançamento de – 1899 – 1900; Livro 467 – Alvará – licença – ambulantes e estabelecimentos comerciais – 1891-1896; Livro 756 – Alvará – licença – indústria e profissão – 1896 a 1898. Arquivo Municipal Washington Luís.

FUNDO PMSP, Grupo Diretoria de Obras e Viação, Série Edificações particulares, CxC1 – 1907, Doc. 46 e Doc. 47. Arquivo Municipal Washington Luís.

INSTITUTO DE HIGIENE. *Cartilha de hygiene para uso das escolas primárias.* São Paulo: Instituto de Higiene, 1923. Fonte: Obras Raras da Biblioteca de Saúde Pública.

OBRAS PARTICULARES OPA, Papéis Avulsos: OPA 23, 1885; 41, 1891; 54, 1893; 61, 1894; 82, 1895; 112 e 195, 1896; 150 e 154, 1897; 194, 1898; 231, 1899; 264, 1900; 321, 1902; 348, 1903.

RELATÓRIO ANUAL, Eletropaulo, 1907-1909, S. Paulo, 7 de fevereiro de 1910, W. N. Walmsley, General Manager. Fundação do Patrimônio da Energia de São Paulo.

RELATÓRIO APRESENTADO ao Secretario dos Negócios da Justiça do Estado de São Paulo pelo Chefe de Polícia Theodoro Dias de Carvalho Junior. Em 31 de janeiro de 1895. São Paulo. Typographia Espíndola, Siqueira & Comp. Segurança individual e de propriedade (p.7).

RELATÓRIO JURÍDICO, Eletropaulo, 1910-1912, São Paulo, 28 de janeiro de 1913, W. N. Walmsley, General Manager. Fundação do Patrimônio da Energia de São Paulo.

SEÇÃO DE LOGRADOUROS do Arquivo Municipal Washington Luís.

SEÇÃO DE POLÍCIA E HIGIENE, Seção: Manuscritos, Caixas PAH7-1906; PAH09-1906; PAH10-1906; PAH12-1906; PAH14-1907; PAH68-1911; PJ34-1912, PJ34-1912; Arquivo Municipal Washington Luís.

SILVA, A. M. *Diccionario da Lingua Portuguesa.* Lisboa: Impressão Régia, 1831, 1844, 1889.

Plantas

PLANTA DA CIDADE DE SÃO PAULO levantada pela Companhia Cantareira e Esgotos. Engenheiro em chefe Henry B. Joyner, 1881.

PLANTA ELABORADA para o projeto de alinhamento da Rua Capitão Salomão (antiga Rua da Esperança), Diretoria de Obras da Prefeitura Municipal de São Paulo, 1908.

Bibliotecas, Arquivos e Instituições Pesquisadas

Lisboa

Arquivo Municipal de Lisboa – Arquivo fotográfico
Biblioteca da Faculdade de Letras da Universidade de Lisboa

Biblioteca do Museu da República e Resistência
Biblioteca Municipal Central Galveias
Hemeroteca da cidade de Lisboa
Museu da Cidade de Lisboa
Museu do Chiado
Museu Rafael Bordalo
Universidade de Ciências Sociais e Humanas da Universidade Nova de Lisboa

Paris

Bibliothèque Haute-de-Jardin (Bibliothèque Nationale François-Mitterrand, Paris)
Bibliothèque Historique de la ville de Paris
BIUM (Bibliothèque Interuniversitaire de Medicine), Paris
Département des Estampes et de la Photographie (Bibliothèque Nationale François Mitterrand, Paris)
Musée Carnavalet (histoire de Paris)

Rio de Janeiro

Fundação Biblioteca Nacional
Fundação Casa de Rui Barbosa

São Paulo

Acervo de Artes da Ibovespa
Arquivo do Público do Estado de São Paulo
Acervo Iconográfico da Casa da Imagem/Museu da Cidade de São Paulo
Arquivo Judiciário do Estado de São Paulo
Arquivo Municipal Washington Luís
Biblioteca da ECA/USP
Biblioteca da Faculdade de Direito de São Francisco / USP
Biblioteca da Faculdade de Medicina da USP
Biblioteca da Faculdade de Saúde Pública da USP
Biblioteca de José Mindlin
Biblioteca do Condephaat
Biblioteca Mario de Andrade
Centro de Memória da Faculdade de Saúde Pública
Fundação Patrimônio da Energia
Instituto Histórico e Geográfico de São Paulo
Instituto Moreira Salles
Itaú Cultural

ANEXOS

Fichas usadas para mapeamento da Rua da Esperança (capítulo 5)

CASA Nº.1
Ano: 1904
Uso: Café/ Botequim de Ignacio Russo.
Fonte: Annuario Commercial do Estado de São Paulo, 1904, São Paulo, p.322.

CASA Nº.1
Ano: 1911
Uso: Botequim de Antonio Ferreira.
Fonte: Arquivo Municipal Washington Luís, Caixa PAH68 – 1911. Fundo: Secretaria Geral. Grupo: Seção de Polícia e Higiene.

CASA Nº.2
Ano: 1878
Uso: Residência de João Ferreira de Oliveira, 18 anos, solteiro, filho de Antonio José de Oliveira e de Rosa Ferreira de Oliveira, "pharmaceutico aprendiz", brasileiro, natural da cidade de São Paulo. Foi preso por se achar embriagado.
Fonte: Autos Crimes da Capital, Arquivo Público do Estado, N. de ordem, 3975, Caixa, 75, Notação, 1401 (Rolo 090), Autuação: 1878. Delegacia de São Paulo. Órgão, Data Inquérito: 06/05/1878.

CASA Nº.2B

Ano: 1907

Uso: Padaria de João Coelho.

Fonte: Arquivo Histórico de São Paulo / Secretaria Municipal de Cultura, Grupo Diretoria de Obras e Viação, Série Edificações particulares, CxC1 – 1907, Doc46.

CASA Nº.4

Ano: 1895

Uso: Botequim de João Augusto Loureiro (1895), de Antonio Coelho de Alem (1896). Em 1900 a casa era utilizada por Manoel Collaço e José Bernardes, alfaiates.

Fontes: Arquivo Municipal Washington Luís, Fundo CMSP – INTDM – PMSP, Série: Impostos, Datas: 1738 – 1903, Documentos Encadernados, Antigos Livros Pretos da Câmara, Etiqueta Verde, Livro 467 – Alvará – licença – ambulantes e estabelecimentos comerciais – 1891-1896, f. 184; Livro 756 – Alvará – licença – indústria e profissão – 1896 a 1898, f. 2; Livro 1840 - Imposto Indústria e Profissão – lançamento de – 1899 – 1900, f.17.

CASA Nº.4A

Ano: 1891

Uso: Botequim de Luiz Antônio Sohal.

Fonte: Arquivo Municipal Washington Luís, Fundo CMSP – INTDM – PMSP, Série: Impostos, Datas: 1738 – 1903, Documentos Encadernados, Antigos Livros Pretos da Câmara, Etiqueta Verde, Livro 467 – Alvará – licença – ambulantes e estabelecimentos comerciais – 1891-1896, f. 3.

CASA Nº.4

Ano: 1904

Uso: Café/ Botequim de Abel P. de Azevedo.

Fonte: Annuario Commercial do Estado de São Paulo, 1904, São Paulo, p.322.

CASA Nº.5

Ano: 1904

Uso: Café/ Botequim de Luiz Sobral.

Fonte: Annuario Commercial do Estado de São Paulo, 1904, São Paulo, p.322.

CASA Nº.6

Ano: 1896

Uso: Botequim de Manoel Correia e posteriormente, no mesmo ano de Annibal Augusto de Souza.

Fonte: Arquivo Municipal Washington Luís, Fundo CMSP – INTDM – PMSP, Série: Impostos, Datas: 1738 – 1903, Documentos Encadernados, Antigos Livros Pretos da Câmara, Etiqueta Verde, Livro 756 – Alvará – licença – indústria e profissão – 1896 a 1898, f.6 e 10.

CASA N°.6A

Ano: 1904

Uso: Café/ Botequim de Theresina Presta.

Fonte: Annuario Commercial do Estado de São Paulo, 1904, São Paulo, p.322.

CASA N°.7

Ano: 1904

Uso: Café/ Botequim de Gabriel Miloni. Em 1911 esse botequim era de Adelvino da Silva.

Fontes: Annuario Commercial do Estado de São Paulo, 1904, São Paulo, p.322; Arquivo Municipal Washington Luís, Caixa PAH68 – 1911, Fundo: Secretaria Geral. Grupo: Seção de Polícia e Higiene.

CASA N°.7A

Ano: 1899/1900

Uso: Salvador Talango e Americo Volpchere, sapateiros.

Fonte: Arquivo Municipal Washington Luís, Fundo CMSP – INTDM – PMSP, Série: Impostos, Datas: 1738 – 1903, Documentos Encadernados, Antigos Livros Pretos da Câmara, Etiqueta Verde, Livro 1840 - Imposto Indústria e Profissão – lançamento de – 1899 – 1900, f.17.

CASA N°.8

Ano: 1878

Uso: Loja de molhados e gêneros do paiz de M. José Borges Barata.

Fonte: Indicador de São Paulo Administrativo, Judicial, Industrial, Profissional e Comercial para o ano de 1878, p.211-7.

CASA N°.9.

Ano: 1904

Uso: Café/ Botequim de Antonio Aguiar.

Fonte: Annuario Commercial do Estado de São Paulo, 1904, São Paulo, p.322.

CASA N°.11

Ano: 1895

Uso: Armazém de Souza.

Fonte: Arquivo Municipal Washington Luís, Livro Obras particulares OPA 82 Papéis Avulsos, 1895, volume 9, E-3-66, D-E-F, Fl.51.

CASA N°.13

Ano: 1885

Uso: Residência de Thereza Candida.

Fonte: Arquivo Municipal Washington Luís, Livro, Obras particulares, O PA 23, Papéis Avulsos, 1885, E-1-7, A a J, LMOP, RSTV, Fl.55.

CASA N°.13 A

Ano: 1900

Uso: Sobrado com porão.

Fonte: Arquivo Municipal Washington Luís, Livro Obras particulares OPA 264, Papéis Avulsos, 1900, v.6, E-10-248 C, Fls.121-2.

CASA N°.15

Ano: 1891

Uso: Propriedade de snr. Joaquim de Albuquerque Lins.

Fonte: Arquivo Municipal Washington Luís, Livro Obras particulares, OPA 41, Papéis Avulsos, 1891, vol.3, E – 1 – 25, C a H, folha 79.

CASA N°.18

Ano: 1904

Uso: Café/ Botequim de Adelina Mischiati.

Fonte: Annuario Commercial do Estado de São Paulo, 1904, São Paulo, p.322.

CASA N°.21

Ano: 1878

Uso: Loja de molhados e gêneros do paiz de Abilio de Magalhães Barboza.

Fonte: Indicador de São Paulo Administrativo, Judicial, Industrial, Profissional e Comercial para o ano de 1878, p.211-7.

CASA N°.22

Ano: 1896

Uso: Comércio de Caetano Martini.

Fonte: Arquivo Municipal Washington Luís, Livro, Obras particulares OPA 112, Papéis Avulsos, 1896, vol.14, E-4-96, D-E, Fls.99, verso, 100 e 101.

CASA N°.24.

Ano: 1899/1900

Uso: Em 1894 era residência e loja de calçados de Próspero Giachetta. Em 1894, de Francisco Guilherme, tintureiro e letreiro e de Raphael Sanches, florista.

Fonte: Arquivo Municipal Washington Luís, Fundo CMSP – INTDM – PMSP, Série: Impostos, Datas: 1738 – 1903, Documentos Encadernados, Antigos Livros Pretos da Câmara, Etiqueta Verde, Livro 1840 - Imposto Indústria e Profissão – lançamento de – 1899 – 1900, f.17.

CASA N°.28

Ano: 1895

Uso: Residência e oficina de Maria Miquela Paranhos.

Fonte: Arquivo Histórico de São Paulo / Secretaria Municipal de Cultura, Livro Obras particulares OPA 82, Papéis Avulsos, 1895, volume 9, E-3-66, D-E-F, Fls.47, 49 e 50.

CASA Nº.30

Ano: 1907

Uso: Botequim de Nunes e Jardim.

Fonte: Arquivo Municipal Washington Luís, CAIXA PAH14– 1907, Fundo: Secretaria Geral, Grupo: Seção de Polícia e Higiene, Série: Alvará / licença, Subséries: Fábrica, jogos, jornal, sorveteria, espetáculo/festas/bailes. Esportes, barbearia, ambulantes, açougue, botequim, hotel/pensão/hospedaria.

CASA Nº.32

Ano: 1895

Uso: Propriedade de Candido e Irmãos.

Fonte: Arquivo Municipal Washington Luís, Livro Obras particulares OPA 82, Papéis Avulsos, 1895, volume 9, E-3-66, D-E-F, Fl.41.

CASA Nº.34.

Ano: 1904

Uso: Em :1894 era casa de negócio de Belizario de Souza Café. Em 1904 instalava o botequim de Ignacio Russo.

Fonte: Arquivo Municipal Washington Luís, Livro, Obras particulares OPA 61 Papéis Avulsos, 1894, volume 5, E – 2 – 45, C a F, fls.111 e 111 verso; Annuario Commercial do Estado de São Paulo, 1904, São Paulo, p.322.

CASA Nº.34A

Ano: 1906

Uso: Botequim de Giuseppe Mangioni.

Fontes: Arquivo Municipal Washington Luís, Caixa PAH2 – 1906, Fundo: Secretaria Geral, Grupo: Seção de Polícia e Higiene, Série: Alvará / licença. Subséries: Jogos, secos e molhados, depósitos (frutas e bebidas), padarias/confeitaria/leiteira, restaurantes, ambulantes, botequins, hotel/pensão/hospedarias, Alvará – Botequim – 1906; Caixa PAH14– 1907, Fundo: Secretaria Geral, Grupo: Seção de Polícia e Higiene, Série: Alvará / licença. Subséries: Fábrica, Jogos, jornal, sorveteria, espetáculo/festas/bailes. Esportes, barbearia, ambulantes, açougue, botequim, hotel/ pensão/hospedaria.

CASA Nº. 35

Ano: 1896

Uso: Botequim de Maria de Oliveira.

Fonte: Arquivo Municipal Washington Luís, Fundo CMSP – INTDM – PMSP, Série: Impostos, Datas: 1738 – 1903, Documentos Encadernados, Antigos Livros Pretos da Câmara, Etiqueta Verde, Livro 756 – Alvará – licença – indústria e profissão – 1896 a 1898, f.10.

CASA N°.36
Ano: 1904
Uso: Café/ Botequim de José Mayoni.
Fonte: Annuario Commercial do Estado de São Paulo, 1904, São Paulo, p.322.

CASA N°.38
Ano: 1899/1900
Uso: Francisca Jaconiz, costureira
Fonte: Arquivo Municipal Washington Luís, Fundo CMSP – INTDM – PMSP, Série: Impostos, Datas: 1738 – 1903, Documentos Encadernados, Antigos Livros Pretos da Câmara, Etiqueta Verde, Livro 1840 - Imposto Indústria e Profissão – lançamento de – 1899 – 1900, f.17.

CASA N°.39
Ano: 1902
Uso: Botequim de Francisco Vozza; posteriormente de Vicente Facci (1904) e de Victoria Facci (1906), provavelmente viúva de Vicente.
Fontes: Arquivo Municipal Washington Luís, Seção de Manuscritos, Caixa PAH2 – 1906, Fundo: Secretaria Geral, Grupo: Seção de Polícia e Higiene, Série: Alvará / licença, Subséries: Jogos, secos e molhados, depósitos (frutas e bebidas), padarias/ confeitaria/leiteira, restaurantes, ambulantes, botequins, hotel/pensão/hospedarias, Alvará – Botequim – 1906; Caixa PAH14– 1907, Fundo: Secretaria Geral, Grupo: Seção de Polícia e Higiene, Série: Alvará / licença, Subséries: Fábrica, Jogos, jornal, sorveteria, espetáculo/festas/bailes. Esportes, barbearia, ambulantes, açougue, botequim, hotel/pensão/hospedaria; Livro OPA 321, Papéis Avulsos, 1902, v. 5, E-12-305 C, Fls.113 a 116; Annuario Commercial do Estado de São Paulo, 1904, São Paulo, p.322.

CASA N°.39A
Ano: 1899/1900
Uso: Paschoal Ciacio, costureiro.
Fonte: Arquivo Municipal Washington Luís, Fundo CMSP – INTDM – PMSP, Série: Impostos, Datas: 1738 – 1903, Documentos Encadernados, Antigos Livros Pretos da Câmara, Etiqueta Verde, Livro 1840 - Imposto Indústria e Profissão – lançamento de – 1899 – 1900, f.17.

CASA N°.40
Ano: 1903
Uso: Propriedade de Manoel Joaquim de Vasconcelos Lins.
Fonte: Arquivo Municipal Washington Luís, Livro, Obras particulares OPA 348, Papéis Avulsos, 1903, vol. 7, E-13-332 C, Fls.3 e verso.

CASA N°.41
Ano: 1897
Uso: Residência de dois pavimentos. Em 1899 era ocupada por Pedro Rozalio, sapateiro e também abrigava uma quitanda.
Fontes: Arquivo Histórico de São Paulo / Secretaria Municipal de Cultura, Livro Obras particulares OPA 150, Papéis Avulsos, 1897, vol. 2, E-5-135 C, Fls.13 a 17; Fundo CMSP – INTDM – PMSP, Série: Impostos, Datas: 1738 – 1903, Documentos Encadernados, Antigos Livros Pretos da Câmara, Etiqueta Verde, Livro 1840 – Imposto Indústria e Profissão – lançamento de – 1899 – 1900, f.17.

CASA N°.43
Ano: 1894
Uso: Casa de negócio de Antonio Rodrigues.
Fonte: Arquivo Municipal Washington Luís Livro, Obras particulares OPA 61, Papéis Avulsos, 1894, volume 5, E – 2 – 45, C a F, Fls.110 e 110 verso.

CASA N°.46
Ano: 1898
Uso: Sobrado de Manoel Joaquim de Albuquerque Lins.
Fonte: Arquivo Histórico de São Paulo / Secretaria Municipal de Cultura, Livro Obras particulares OPA 194, Papéis Avulsos, 1898, Vol. 8, E-7-178 C, Fls.39 a 41.

CASA N°.47
Ano: 1904
Uso: Café/ Botequim de Francisco Panaro.
Fonte: Annuario Commercial do Estado de São Paulo, 1904, São Paulo, p.322.

CASA N°.48
Ano: 1891
Uso: Sapataria de Saverio Cretella. Em 1895 abrigou o Sobrado da Baronesa de Souza Queiroz; e, em 1906, o açougue de Luís Palignano.
Fontes: Arquivo Municipal Washington Luís, Fundo CMSP – INTDM – PMSP, Série: Impostos, Datas: 1738 – 1903, Documentos Encadernados, Antigos Livros Pretos da Câmara, Etiqueta Verde, Livro 467 – Alvará – licença – ambulantes e estabelecimentos comerciais – 1891-1896, f. 36; Livro Obras particulares OPA 82, Papéis Avulsos, 1895, volume 9, E-3-66, D-E-F, Folha 53 e verso; Caixa PAH12 – 1906. Fundo: Secretaria Geral. Grupo: Seção Polícia e Higiene. Série: Intimação e multa.

CASA N°.49

Ano: 1899/1900

Uso: José Senna, sapateiro.

Fonte: Arquivo Municipal Washington Luís, Fundo CMSP – INTDM – PMSP, Série: Impostos, Datas: 1738 – 1903, Documentos Encadernados, Antigos Livros Pretos da Câmara, Etiqueta Verde, Livro 1840 - Imposto Indústria e Profissão – lançamento de – 1899 – 1900, f.17.

CASA N°.49A

Ano: 1894

Uso: Casa de negócio de Carlos Milanese.

Fonte: Arquivo Municipal Washington Luís Livro Obras particulares OPA 61, Papéis Avulsos, 1894, volume 5, E – 2 – 45, C a F, fls.113 e 113 verso.

CASA N°.50

Ano: 1904

Uso: Café/ Botequim de Antonio Rodrigues Vieira

Fonte: Annuario Commercial do Estado de São Paulo, 1904, São Paulo, p.322

CASA N°.51A

Ano: 1899/1900

Uso: Dolores Pagés, costureira.

Fonte: Arquivo Municipal Washington Luís, Fundo CMSP – INTDM – PMSP, Série: Impostos, Datas: 1738 – 1903, Documentos Encadernados, Antigos Livros Pretos da Câmara, Etiqueta Verde, Livro 1840 - Imposto Indústria e Profissão – 1899/1900, f.17.

CASA N°.52 e 52A

Ano: 1895

Uso: Propriedade de José Marques Ribeiro (1895); que abrigou os Armazéns de José Francisco Vicente (1897). Em 1899 funcionava a Quitanda de Luiz Testa.

Fontes: Arquivo Histórico de São Paulo / Secretaria Municipal de Cultura, Livro Obras particulares, OPA 82, Papéis Avulsos, 1895, volume 9, E-3-66, D-E-F, Fl. 43 e verso e 45 e verso; Livro Obras particulares OPA 150, Papéis Avulsos, 1897, vol. 2, E-5-135, C, Fl. 10 e verso e 11; Fundo CMSP – INTDM – PMSP, Série: Impostos, Datas: 1738 – 1903, Documentos Encadernados, Antigos Livros Pretos da Câmara, Etiqueta Verde, Livro 1840 - Imposto Indústria e Profissão – lançamento de – 1899 – 1900, f.17

CASA N°.53

Ano: 1894

Uso: Casa de negócio de propriedade de Salvador Cuoco.

Fonte: Arquivo Municipal Washington Luís, Livro Obras particulares OPA 61, Papéis Avulsos, 1894, volume 5, E – 2 – 45, C a F, fls.116 e 116 verso.

CASA N°.55A

Ano: 1899/1900

Uso: Salvadore Calabrese, relojoeiro . Também paga imposto de engomadeira.

Fonte: Arquivo Municipal Washington Luís, Fundo CMSP – INTDM – PMSP, Série: Impostos, Datas: 1738 – 1903, Documentos Encadernados, Antigos Livros Pretos da Câmara, Etiqueta Verde, Livro 1840 - Imposto Indústria e Profissão – lançamento de – 1899 – 1900, f.17.

CASA N°.56

Ano: 1878

Uso: Loja de molhados e gêneros do paiz de Victor Antonio de Mello.

Fonte: Indicador de São Paulo Administrativo, Judicial, Industrial, Profissional e Comercial para o ano de 1878, p.211-7.

CASA N°.57 e 57A

Ano: 1893

Uso: Residências com armazém de propriedade de José Verrone. Em 1904 tornou-se propriedade de Joaquim de Oliveira Braga.

Fontes: Arquivo Municipal Washington Luís, Livro, Obras particulares, OPA 54, Papéis Avulsos, 1893, vol.2, E-2-38, B a G; Livro Obras particulares OPA 379, Papéis Avulsos, 1904, volume 6, E-14-363 C, Fls.138 e verso.

CASA N°.58

Ano: 1878

Uso: Loja de molhados e gêneros do paiz de Avelino A. de Almeida Passos.

Fonte: Indicador de São Paulo Administrativo, Judicial, Industrial, Profissional e Comercial para o ano de 1878, p.211-7.

CASA N°.59

Ano: 1895

Uso: Botequim de José Celestino. Em 1904 era Café/ Botequim de Affonso Felippe.

Fontes: Arquivo Municipal Washington Luís, Livro, Obras particulares, OPA, 54, Papéis Avulsos, 1893, vol.2, E-2-38, B a G, Material referente a Rua da Esperança, 59, folhas 114 e verso, f.114; Annuario Commercial do Estado de São Paulo, 1904, São Paulo, p.322.

CASA N°.63

Ano: 1911

Uso: Botequim de José Antonio dos Santos.

Fonte: Arquivo Municipal Washington Luís, Caixa PAH68 – 1911. Fundo: Secretaria Geral. Grupo: Seção de Polícia e Higiene.

CASA N°.64

Ano: 1878

Uso: Loja de molhados e gêneros do paiz de Aureliano Pereira Ramos.

Fonte: Indicador de São Paulo Administrativo, Judicial, Industrial, Profissional e Comercial para o ano de 1878, p.211-217.

CASA N°.65

Ano: 1904

Uso: Café/ Botequim de Nogueira & Mendes.

Fonte: Annuario Commercial do Estado de São Paulo, 1904, São Paulo, p.322.

CASA N°.71

Ano: 1907

Uso: Armazém e residências: a casa é subdividida e alugada a diversos – armazém, um concertador de óculos, um nickelador (ou prateador). Por trás das armações de cada estabelecimento, o espaço é utilizado para moradias.

Fonte: Arquivo Municipal Washington Luís, Fundo PMSP, Grupo Diretoria de Obras e Viação, Série Edificações particulares, CxC1-1907, Doc47.

CASA N°.76

Ano: 1878

Uso: Ora denominado Botequim e restaurante de Virgilia Baldi, ora denominado Hotel da América. Em 1899 era Quitanda de Téo Angelo Antonio e em 1906, Oficina de concerto de relógio de Ferreira dos Santos.

Fontes: Arquivo Municipal Washington Luís, Livro: Atas da Câmara de São Paulo, 1877-78, Volumes 63-64, Departamento de Cultura do Arquivo Histórico, Divisão da Prefeitura do Município de São Paulo, 1949, Sessão Ordinária de 6 de junho de 1878, Presidência do Sr. Dr., Antonio da Silva Prado, p.67; Fundo CMSP – INTDM – PMSP, Série: Impostos, Datas: 1738 – 1903, Documentos Encadernados, Antigos Livros Pretos da Câmara, Etiqueta Verde, Livro 1840 - Imposto Indústria e Profissão – lançamento de – 1899 – 1900, f.17; Caixa PJ15 – 1905, PMSP, Procuradoria Judicial. Relevação de multa.

Endereço: Esquina com Largo da Cadeia (Posteriormente Denominada Praça João Mendes)

Ano: 1878

Uso: Hospedaria ou tasca, que já se denominou Hotel Gallino e posteriormente assumiu o título de Hotel Progresso.

Fontes: A Província de S. Paulo, 17 maio 1878; Rago (1991, p.113); Seção de Logradouros do Arquivo Municipal Washington Luís.

SOBRE O LIVRO

Formato: 14 x 21 cm
Mancha: 23,7 x 42,5 paicas
Tipologia: Horley Old Style 10,5/14
Papel: Offset 75 g/m² (miolo)
Cartão Supremo 250 g/m² (capa)
1ª edição: 2012

EQUIPE DE REALIZAÇÃO

Coordenação Geral
Marcos Keith Takahashi

Ilustração de Capa
Spacca

Impressão e Acabamento:

psi 7

Printing Solutions & Internet 7 S.A